サービス提供責任者のための事例学習法

認知症の人にやさしい地域支援をめざして

- 監修
長嶋 紀一
- 編集
老年心理学研究会
- 著者
小野寺敦志　石鍋 忠
北村世都　畦地良平

株式会社 ワールドプランニング

まえがき

　2000（平成12）年に介護保険制度が施行され，その後何度かの改正が繰り返されてきました．そして2015（平成27）年には，厚生労働省は認知症施策推進総合戦略（新オレンジプラン）を策定しました．新オレンジプランでは，「認知症の人の意思が尊重され，できる限り住み慣れた地域のよい環境で自分らしく暮らし続けることができる社会の実現を目指す」ことを，基本的な考え方としています．

　超高齢社会を迎え，介護保険制度の需要はますます増大し，現在のままでは制度そのものの存続が懸念されています．またこれから先，高齢期を地域で，そして居宅で生活して死を迎えるのか，あるいは施設等で生活して死を迎えるのか，その選択が必ずしも容易ではなくなってくることが予測されます．さらに生活の場に施設等を選択したとしても，これまでのように施設等で死を迎えることができるかどうかも疑問視されています．

　介護老人福祉施設，たとえば特別養護老人ホーム利用者の年齢の上昇，要介護度の重度化，認知症者の増加が指摘されています．さらに認知症症状を有する高齢者の大半が，特別養護老人ホーム，老人保健施設，高齢者療養施設，老人病院を含む医療施設，認知症高齢者グループホーム等のいわゆる施設ではなく，居宅で介護を受けながら生活しているのが現状です．

　厚生労働省は，新オレンジプランの基本的な考え方に続いて，具体的な対応策として，①認知症への理解を深めるための普及・啓発の推進，②認

知症の容態に応じた適時・適切な医療・介護等の提供，③若年性認知症施策の強化，④認知症の人の介護者への支援，⑤認知症の人を含む高齢者にやさしい地域づくりの推進，⑥認知症の予防法，診断法，リハビリテーションモデル，介護モデル等の研究開発およびその成果の普及の推進，⑦認知症の人やその家族の視点の重視，の7つの柱を設定しています．

　このことから，介護保険制度では，認知症症状を有する高齢者の支援では，居宅で介護を受けながら生活する高齢者を中心とすべきであると考えられていることがわかります．

　介護保険の利用に際しては，介護支援専門員（ケアマネジャー）は，課題分析（アセスメント）の結果に基づいて導き出した「生活全般の解決すべき課題（ニーズ）」を設定し，居宅の場合は「居宅サービス計画書（ケアプラン）」を作成します．ケアマネジャーが作成した居宅サービス計画書は，あくまでも計画書であり，具体的に利用者が必要とする介護サービスは，訪問介護サービスを提供するホームヘルパーによって提供されることになります．その際に「居宅サービス計画書（ケアプラン）」を利用者や家族の実情に合わせて，ホームヘルパーが訪問介護サービスを確実に効果的に提供するために，具体的な「実行プラン（アクションケアプラン）」を作成するのがサービス提供責任者（サ責）の役割です．

　本書は，老年心理学研究会のメンバーが協力して，ケースメソッドを応用して，サ責のための事例学習の開発を試みたものです．ケースメソッドによる全体学習の基本ルール「勇気」・「寛容」・「礼節」の3つの約束が，討議（研修）の参加者（仕事集団）の3つの徳とされています．本書が認知症の人にやさしい居宅支援になればなによりと思います．

　2017年4月5日

　　　　　　　　　　　　　　　　　　　　　　　　長嶋　紀一

サービス提供責任者のための事例学習法

目 次

まえがき　　　　　　　　　　　　　　　　　　　長嶋紀一 ‥‥　3

Ⅰ．サービス提供責任者の重要性　　　　　　小野寺敦志 ‥‥　**9**

　1．サービス提供責任者の役割 ……………………………………　11

　2．なぜサ責を重要視するのか ……………………………………　13

　3．地域包活ケアシステムにおける課題とサ責の役割 …………　13

　4．求められるサ責像 ………………………………………………　17

　5．本書のケースメソッド研修技法の特色 ………………………　18

　　　1)サ責を主役にした模擬事例検討であること …………………　18

　　　2)個人の考える力，発言していく力を養うこと ………………　18

　　　3)お互いが進行役となり自分たちで研修を進めていくこと ………　19

　6．ケースメソッドによる研修の進め方 …………………………　19

Ⅱ．ケースメソッドによる研修の進め方 ………………………　**21**

　1．研修の流れについて　　　　　　　　　　　　石鍋　忠 ‥‥　23

　　　1)ケースメソッドについて …………………………………………　23

　　　2)研修の実施方法について …………………………………………　23

　　　3)模擬事例について …………………………………………………　24

　　　4)研修実施の役割分担について ……………………………………　25

２．ケースメソッドの背景と基本的な考え方　　　　北村世都 …… 25
　　1）ケースメソッドとは ……………………………………………… 25
　　2）サ責の学習のためのケースメソッドとは ……………………… 28
　　3）ケースメソッドの特徴 ………………………………………… 30
３．ケースメソッドによる研修会とは　　　　　　北村世都 …… 33
　　1）あいさつとケースメソッドの説明をすることの宣言 ………… 33
　　2）3つの学習段階と「主人公の立場から考える」ことの説明 …… 34
４．研修の進め方の手引き　　　　　　　　　　石鍋　忠 …… 39
　　1）研修の事前準備について ……………………………………… 39
　　2）事前学習について ……………………………………………… 40
　　3）全体学習について（当日の流れ）……………………………… 41
　　4）事後学習について ……………………………………………… 44
　　5）板書の進め方 …………………………………………………… 45
　　6）進行役が困ったとき（Q＆A）………………………………… 46
５．研修実施の留意点と効果評価方法　小野寺敦志，北村世都…… 50
　　1）研修の留意点 …………………………………………………… 50
　　2）事前学習の留意点 ……………………………………………… 51
　　3）全体学習の留意点 ……………………………………………… 51
　　4）事後学習の留意点 ……………………………………………… 53
　　5）「全体の振り返り」シート実施の留意点 ……………………… 53
　　6）研修の効果を評価する ………………………………………… 54
　　7）まとめ …………………………………………………………… 56

Ⅲ．模擬事例　　　畦地良平，北村世都，石鍋忠，小野寺敦志 …… **57**
　　模擬事例のテーマについて ……………………………………… 59
　　1）田中の事例 ……………………………………………………… 62
　　2）山下の事例 ……………………………………………………… 70

3)大石の事例 ……………………………………………… 78

4)神谷の事例 ……………………………………………… 86

5)鈴木の事例 ……………………………………………… 95

6)城田の事例 ……………………………………………… 104

あとがき ………………………………………………………… 113

資 料(巻末 CD)

付録 1　ケースメソッドの研修風景と進め方

付録 2　ケースメソッドの説明用パワーポイント

　　　　　事前学習シート・振り返りシート（事例 1〜6）

　　　　　研修全体を振り返ってみよう

I

サービス提供責任者の重要性

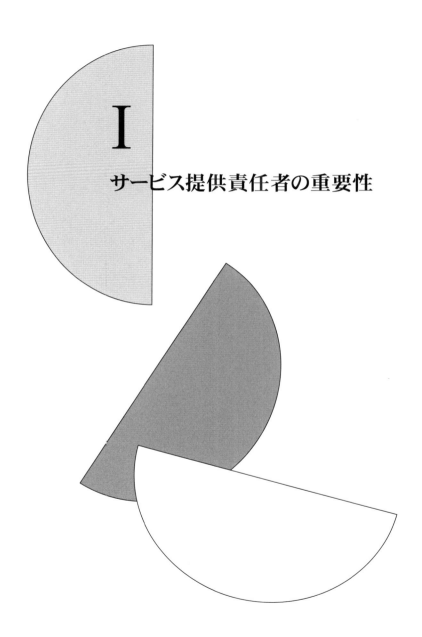

サービス提供責任者の役割

　サービス提供責任者（以下，サ責）は，訪問介護サービスにおいて要となる専門職です．いままでサ責は，利用者が 40 人以上の訪問介護事業所においては 1 名を配置するように定められていましたが，平成 27 年に，一定の要件を満たす事業所に関しては，利用者 50 人以上に対し 1 名と基準が緩和されました．

　サ責は，訪問介護事業所の規模にもよりますが，小さな事業所では，事業所の管理者がサ責を兼務する場合もあります．また，利用者の状況把握や提供サービス内容の組み立てのために，最初にサ責が訪問介護員（ホームヘルパー）として利用者宅を訪問するケースや，ホームヘルパーが体調不良などで，利用者宅に訪問できなくなったときは，その代役として利用者宅を訪問するなど，サ責は，複数の業務や役割を担っているため，利用者家族からみると，サ責の役割がみえ難かったり，その役割自体を知らないということが生じています．

　ここで，サ責の役割ついて確認をしたいと思います．

　厚生労働省の定める「指定居宅サービス等の事業の人員，設備及び運営に関する基準」の第二十四条と第二十八条から確認すると，最初に「訪問介護計画の作成」があげられます．その具体的な内容は「サービス提供責任者は，利用者の日常生活全般の状況及び希望を踏まえて，指定訪問介護の目標，当該目標を達成するための具体的なサービスの内容等を記載した訪問介護計画を作成しなければならない」と定められています．

　その具体的内容は以下のとおりになります．

①訪問介護計画は，すでに居宅サービス計画が作成されている場合は，その居宅サービス計画の内容に沿って作成しなければならない．

②サ責は，訪問介護計画の作成にあたっては，その内容について利用

者またはその家族に対して説明し，利用者の同意を得なければならない．

③サ責は，訪問介護計画を作成した際には，その訪問介護計画を利用者に交付しなければならない．

④サ責は，訪問介護計画の作成後，その訪問介護計画の実施状況の把握を行い，必要に応じて当該訪問介護計画の変更を行うものとする．

次に「訪問介護事業のサービス提供責任者の責務」があげられます．その内容は以下のとおりです．

①指定訪問介護の利用の申込みにかかる調整をする．

②利用者の状態の変化やサービスに関する意向を定期的に把握する．

③サービス担当者会議への出席等により，居宅介護支援事業者等と連携を図る．

④訪問介護員等（サ責を除く）に対し，具体的な援助目標および援助内容を指示するとともに，利用者の状況についての情報を伝達する．

⑤訪問介護員等の業務の実施状況を把握する．

⑥訪問介護員等の能力や希望を踏まえた業務管理を実施する．

⑦訪問介護員等に対する研修，技術指導等を実施する．

⑧その他サービス内容の管理について必要な業務を実施する．

以上が，サ責が行うべき業務であり，これらの要点としては，最初に訪問介護計画の作成があげられます．そのために，ケアマネジャー，利用者，家族と連絡を取り，調整をしていくことが求められます．次に訪問介護計画を作成し，そして，利用者と家族にその内容を説明のうえ，同意を取ります．その際には調整や交渉といったスキルが必要になります．

訪問介護計画ができ，サービスを提供するようになると，利用状況の確認や利用者の状況把握といったアセスメントとモニタリングを行うことになります．また，サービス担当者会議への出席などを通して，他の事業者との連絡調整が必要になります．さらに，ホームヘルパーへの業

務伝達，情報提供，業務管理，技術指導といった，マネジメント能力が必要になるといえます．

 ## なぜサ責を重要視するのか

　なぜサ責を重要視するのか．その理由を以下に述べます．
　国が提唱する地域包括ケアシステムのうち，介護が必要となった高齢者が在宅で生活し続けるためのケアが在宅サービス系であり，その要の1つがホームヘルプサービスと考えることが理由です．そして，訪問介護サービスを提供するホームヘルパーの業務を調整，管理し，業務指導を行い，サービスの質の担保する中心的な役割をサ責が担っているためです．
　一方で，サ責の研修は，介護保険の制度運用や，介護保険請求といった制度面の研修が多く，実践面の研修の提供が少ない現状にあります．先に示したとおり，マネジメント力が求められているにも関わらず，それに対応した研修はほとんどみられないといえます．そこで，サ責を対象にした実践的な研修を提供する必要があると考えました．

 ## 地域包括ケアシステムにおける課題とサ責の役割

　訪問介護サ責を重要視する理由を前項で2つ示しました．それに関連する現状や課題を以下に述べます．
　高齢者支援に関する国の施策として，高齢者が住み慣れた地域で長く暮らし続けることを支援する「地域包括ケアシステム」が提唱されています．その概要を，図Ⅰ-1に示しました．

- 団塊の世代が75歳以上となる2025年を目途に，重度な要介護状態となっても住み慣れた地域で自分らしい暮らしを人生の最後まで続けることができるよう，**医療・介護・予防・住まい・生活支援が一体的に提供される地域包括ケアシステムの構築を実現**していきます．
- 今後，認知症高齢者の増加が見込まれることから，認知症高齢者の地域での生活を支えるためにも，地域包括ケアシステムの構築が重要です．
- 人口が横ばいで75歳以上人口が急増する大都市部，75歳以上人口の増加は緩やかだが人口は減少する町村部等，**高齢化の進展状況には大きな地域差**が生じています．
- 地域包括ケアシステムは，**保険者である市町村や都道府県が，地域の自主性や主体性に基づき，地域の特性に応じて作り上げていくことが必要**です．

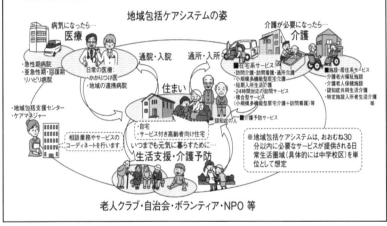

図 I-1　地域包括ケアシステム
出典：厚生労働省，社会保障審議会，介護保険部会（第46回）資料3，2013年8月28日　p5．
http://www.mhlw.go.jp/file/05-Shingikai-12601000-Seisakutoukatsukan-Sanjikanshitsu_Shakaihoshoutantou/0000018729.pdf

　この図に示すとおり，高齢者を中心に，生活支援・介護支援，医療，介護によって，高齢者が，地域で継続的に暮らし続けていくことができる支援システムをつくっていくことです．

2105年1月に提示された「新認知症施策推進総合戦略（新オレンジプラン）」は，地域包括ケアをさらに促進させる方向を目指しています．その新オレンジプランの基本的考え方は「認知症の人の意思が尊重され，できる限り住み慣れた地域のよい環境で 自分らしく暮らし続けることができる社会の実現を目指す」ことです．認知症ケアにおいても，地域包括ケアを推進していくことが示されました．

　この地域包括ケアシステムにおいて，訪問介護サービスは，図中の「介護」の在宅系サービスのなかに入ります．地域に住まう住民が健康であれば「生活支援・介護予防」が必要になりますし，病気になれば「医療」が必要になります．そして，介護が必要な場合は「介護」サービスが必要になります．私たちは，介護サービスを利用する高齢者が生活する自宅に赴きサービスを提供する訪問介護員（ホームヘルパー）が，在宅系サービスのなかの要になると考えています．
そして，図Ⅰ-2に示すように，高齢者の介護サービスマネジメントは，ケアマネジャーが中核となるといえます．しかし，高齢者の日々の状態や

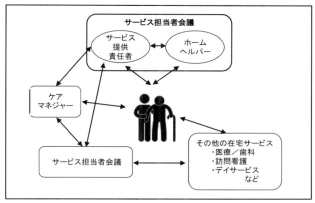

図Ⅰ-2　在宅サービスとサービス提供責任者との関係と位置づけ

家族の様子を把握する立場にいるのは，本人宅に赴いてケアするホームヘルパーといえます．そのホームヘルパーから情報を得て，高齢者の生活支援をマネジメントする役割がサ責です．

　サ責の業務については，前項でも述べましたが，その役割について，シルバーサービス振興会による平成 22 年度の「サービス提供責任者の業務の実態把握と標準化に関する調査研究事業報告書」で再確認すると，サ責の本来業務として以下の 3 つが示されています．

　①訪問介護計画の作成（居宅サービス計画に沿うこと），利用者または家族からの同意．

　②訪問介護計画の利用者への交付，指定訪問介護の利用申し込みにかかる調整

　③訪問介護員等に対する技術指導等のサービス内容管理．

　これらの業務を展開していくにあたり，サ責に求められることとして，「サ責の業務は豊富な知識，技術，能力を要する」こと，「介護に関する知識，技術，能力はもちろん必要となるが，そのほかにも，多職種との連携，利用者・家族とのコミュニケーション力，ホームヘルパーの育成・指導力，業務管理能力，事務処理能力等の高い能力が求められる」ことと述べられています．そして「こうしたサ責に求められる能力には，介護の技術以外にマネジメントスキルの部分が多く含まれ，現状の介護福祉士やホームヘルパーの養成課程に含まれていない要素が多く，サ責の能力評価が複雑化している」ことから，サ責の技能向上の必要性が指摘されます．

　以上を踏まえ，求められるべきサ責像として「訪問介護サービス提供を中心に，多職種との連携，利用者・家族とのコミュニケーション，ホームヘルパーの育成・指導といった，介護技術に加え，マネジメントスキルを有している者」であり「その能力を活用し，利用者に質の担保されたサービスを提供するために，訪問介護計画を作成・管理・修正し，実

際のサービスを運用し，そのために適切にホームヘルパーを管理・指導することができる人」であることが提言されています．

 求められるサ責像

　サ責の現状は，時には訪問介護員（ホームヘルパー）の業務も行うといった二足の草鞋を履きながら，日々の管理業務に追われるため，サ責としての技能向上のために割く時間は少ないといえます．しかし，ホームヘルプサービスの要であるサ責に求められるサ責像の実現は，そのサービスを利用する利用者の生活の質向上につながるといえます．

　何よりも，介護保険の目的に沿って，サービスを利用する高齢者の「尊厳を保持し，その有する能力に応じ自立した日常生活を営むことができるよう」（介護保険法第 1 条）に支援することが，サ責を含めたサービス事業所には求められています．それを実現するためにも，介護保険法の理念を踏まえ，上記で述べてきた「求められるべきサ責像」に少しでも寄与するために，以下の 5 つの項目を目指しています．

①柔軟な対応力を養う：訪問介護の現場は，型にはまったアセスメントや対応だけでは不十分であるため，それぞれの状況に応じた柔軟な対応力を身に付けること．

②アセスメント力を養う：適切な訪問介護計画を立てるために，多様な視点から現況をアセスメントできる力を養うこと．

③マネジメント力を養う：ホームヘルパーへの業務指導，業務管理を行う力を養うこと．現場に即したホームヘルパーの役割を見直す視点を学ぶこと．

④コーディネイト力を養う：利用者・家族の状況，ホームヘルパーや他のサービス状況を多様な視点で見て，調整していく力を養うこと．

これらを基に，地域包括ケアに求められるチームアプローチとして，チームの力を引き出す視点を学ぶこと．

⑤コミュニケーション力・情報発信力を養う：サービス担当者会議や地域ケア会議など，多職種連携の場でも，ホームヘルプサービスの提供状況からアセスメントされた本人と家族の状況などを適切に発信し，相手にわかってもらえるように伝えていく力を養うこと．

⑤ 本書のケースメソッド研修技法の特色

求められるサ責像を得るために本書は，「ケースメソッド」という研修技法を解説しています．その詳細は第2章で説明していますので，ここでは要点のみを示します．なお，ケースメソッドを用いて展開するように工夫していますが，本書独自のアレンジをしているところもありますから，その意味では，本書は，ケースメソッド風といえます．

1）サ責を主役にした模擬事例検討であること

従来の事例検討会や事例研究会の事例は，サービスを利用する高齢者が主役になっているといえます．かつ実際の事例を用いています．

しかし，ケースメソッドの事例は，サービス提供者を主役としており，本書ではその主役がサ責となっています．加えて，使用される事例は，実際の事例ではなく，研修の意図に沿って作成した模擬事例です．この点が，本書が行おうとするケースメソッド研修の特徴の1つになります．

2）個人の考える力，発言していく力を養うこと

上記の模擬事例を用いて，参加者それぞれの意見を述べて，多様な意見を聞き，参加者同士が考えを深めていきます．討議の際に重視されることは，自分の考えを発言していくことです．ほかの参加者の意見を参

考にしたり，取り入れて行ったりすることはもちろんです．そのうえで，自分がどのように考えるかを自分の言葉で発言していくことがこのケースメソッド研修の特徴の1つです．

3) お互いが進行役となり自分たちで研修を進めていくこと

　本書で紹介する研修方法は，外部の講師に頼る形の研修ではなく，当事者同士で勉強会を行うことを目指しています．たとえば，事業所単位や市区町村の訪問介護サービス連絡会といった互助団体単位で実施できる研修内容としました．一事業所に在籍するサ責の人数は，1名か2名程度ですから，事業所同士が連携して実施できる研修技法を提示することで，研修の機会を創造してもらうこともできるといえます．このように，自分たちで組み立てる研修であることが特徴の1つです．

　繰り返しになりますが，訪問介護には，基本介護技術に加えて，家族や地域の調整や，ホームヘルパーのマネジメントを含んだ，包括的統合的能力が求められます．これを担う役割がサ責といえます．

　介護保険に関する制度面，必要書類に関する知識と技能は必須です．しかし，それと同等に現場を運営していく技能が求められるといえます．そうであるならば，従来型の利用者の事例検討を行うだけでは不十分であり，介護を取り巻く状況全体をアセスメントし包括的に介入する能力を養成することが必要であるといえます．そのニーズに対応できる研修技法が，このケースメソッドによる研修です．

 ## ケースメソッドによる研修の進め方

　本項ではケースメソッドによる研修の進め方ならびに，研修の進行役を担う人の位置づけを説明します．介護保険事業所は，年間に複数の研

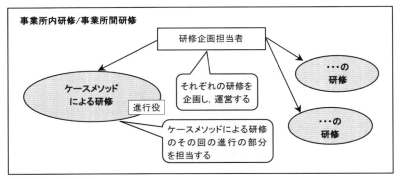

図Ⅱ-3 研修運営のなかでケースメソッドによる研修と進行役の位置づけ

修を企画し運営しています．その際に，その研修を企画担当する役割の人がいます．事業所により特定の担当者がいたり，持ち回り制で実施をしたりとさまざまな形態で年間の研修を実施していると思います．また，地域の職の団体や事業所の連絡協議会で年間の研修を計画し運営している場合もあるかと思います．そのような研修と本研修の位置づけを図3に示しました．図Ⅱ-3に示すとおり，研修は，事業所などが企画運営して実施する年間の研修の1つとして取り入れてもらうことを想定しています．ゆえに，本研修自体を企画し運営する役割は，たとえば事業所の研修の場合は，その事業所の研修企画担当者になります．後述される本研修の進行役を担う人は，本研修のその回の研修進行のみを担うことを想定して，役割を示しています．「Ⅱ．研修の進め方」以降を読むに際して，この点を踏まえておいてください．

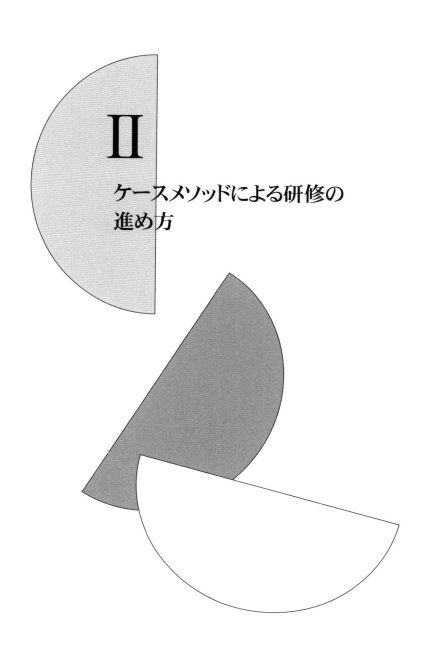

II

ケースメソッドによる研修の
進め方

研修の流れについて

　このケースメソッドによる研修では，1回の研修で1つの模擬事例（ケース教材）を取り扱い，それを事例ごとに参加者全員で討議をしていきます．

　研修では「事前学習」「全体学習」「事後学習」が1セットとなります（全体の流れについては図Ⅱ-1を参考にしてください）．

- **事前学習**：参加者全員がそれぞれ前もって事例を読み，自分の意見を用意する．
- **全体学習**：参加者全員で模擬事例の設問やテーマ等について討議し学ぶ．
- **事後学習**：全体学習を振り返る．実際の業務に反映させる．

1）ケースメソッドについて

　ケースメソッドの基本的な考え方や実施のルールおよび本研修の要である「勇気・礼節・寛容」などについては，次項の「2．ケースメソッドの背景と基本的な考え方」において詳しく説明しています．

2）研修の実施方法について

　具体的な研修の進め方は，後述の「3．ケースメソッドによる研修会とは」にて解説します．また，その際の留意点などを「5．研修の留意点と効果評価方法」に，さらに進行役（後述）の人のためのQ&Aを「4-6）進行役が困ったとき（Q&A）」に記しています．研修会全体の流れについては図Ⅱ-1に示します．

　実際の研修風景については「添付CDの映像資料」を参照してください（事前に視聴しておいてください）．　また，研修で実際に使用する用紙

```
┌─────────────────────────────────────────────────┐
│ 1回の研修で1事例を使用します．最少参加人数は4～5名です． │
│  ● 事前学習                                      │
│    ・各自で模擬事例の読み込み，設問の検討・事前学習シートの記入 │
│    ・進行役は当日の流れを確認                        │
└─────────────────────────────────────────────────┘
```

```
┌─────────────────────────────────────────────────┐
│  ● 全体学習（90分以内）                            │
│    ・「ケースメソッドによる勉強会とは」を全員で確認      │
│    （2回目以降，「勇気」「礼節」「寛容」の確認のみでも可） │
```

```
│    ・模擬事例・設問を再確認するための読み上げ（模擬事例の読み上げ │
│     は省略可）                                    │
```

```
│    ・小グループでの意見交換の実施（少人数の場合や研修に慣れてきた │
│     ら省略可）                                    │
```

```
│    ・全体での意見交換（設問1，設問2）の実施          │
```

```
│    ・振り返り役による感想の発表・振り返りシートの配布    │
└─────────────────────────────────────────────────┘
```

```
┌─────────────────────────────────────────────────┐
│  ● 事後学習                                      │
│    ・振り返りシートの活用による振り返り               │
│    ・業務や事業所へのフィードバック                   │
└─────────────────────────────────────────────────┘
```

図Ⅱ-1　ケースメソッドによる研修会の全体の流れ

等は「添付CDの付録」にありますので活用してください．

3）模擬事例について

　本研修で取り扱う模擬事例は「Ⅲ　模擬事例」に記しています．基本的には，事例1～6の順で行うようになっています．それぞれにテーマ

がありますので，研修目的に応じて選んで使用してください．

たとえば，新人職員がいる場合は，事例1から順番に実施すればよいと思いますし，ベテラン職員が援助事例の研修を行う場合は，事例5，6を使用するとよいでしょう．それぞれの事業所の研修に合わせて，事例を選択してください．

4）研修実施の役割分担について

I-6で述べましたが，本研修を実施していく際の役割分担をここで再度確認します．

（1）進行役

「進行役」は，研修当日の「進行役」ということです．そのときの研修の進行責任のみをもつということです．また講師のように，「研修を受ける人」との間に教える立場や上下関係が生じるわけではありません．複数回の研修を実施する場合は，持ち回り制で「進行役」を務めるのもよいでしょう．

（2）研修企画者

本書を用いて研修を企画する際の中心になる人物です．「進行役」を支援し，研修全体を運営する人といえます．本研修の事前学習，事後学習を研修参加者に提示していく役であり，研修の評価を行う役割も併せて行います．

ケースメソッドの背景と基本的な考え方

1）ケースメソッドとは

ケースメソッドを直訳すると，ケース（事例）のメソッド（方法），つまり事例を用いた方法ですが，何の方法かというと，教育の方法にほか

なりません．教育方法にはいろいろな方法があります．もっともよく用いられる講義法も教育方法の1つですし，最近の e-learning も教育方法の1つです．これらの教育方法にはそれぞれ特徴があり，学ぶべき題材に合わせて教育方法が選ばれます．

　ケースメソッドとは，どのような特徴をもち，どのようなことを学ぶときに役立つ方法なのでしょうか．少し遠回りに感じるかもしれませんが，ケースメソッドの成り立ちを見ていくことで，サービス提供責任者（以下，サ責）をはじめとした，在宅で高齢者を支援する専門職の学習になぜ役立つのかがみえてくると思います．

　ケースメソッドが生まれたのは，アメリカの経営を学ぶ大学院，いわゆるビジネススクールでした．そこでは，すでに事業を起こしてマネジメントしている経営者や，これから起業しようとしている学生などが経営を学んでいました．経営には唯一の答えがあるわけではありませんが，しかし，その判断を間違うとたちまち事業に失敗するというリスクを伴います．つまり経営者は常に，その場その時の状況を分析したうえで，自分で意思決定を下しながら自分の行動に責任をもたざるを得ないのです．このようなマネジメントの能力は，座学だけでは身につきません．現実と向き合い，意思決定をする訓練を数多く積む必要があるのです．

　こうした背景から，ハーバード大学ビジネススクールで 1900 年代前半に産声を上げたのがケースメソッドでした．ケースメソッドで用いられる事例は，物語やドキュメンタリとして記された実践事例です．そこには多くの課題が内包されており，事例を通して具体的に意思決定の訓練をすることができます．つまり，事例を用いることによって，実際の経営場面に即した実践的な意思決定の学習が可能になるのです．

　ここでは，慶應義塾大学大学院ビジネススクールで行われているオーソドックスなケースメソッドの方法について，簡潔に説明したいと思います．

　本来のケースメソッドは3段階で進められます．事前学習，グループ

討議，全体討議，の3段階です．学習者は，ケース教材を読み，設定された設問を個人的に考え，自分なりにレポートをつくります．これが事前学習の段階です．そのうえで，グループ討議では，講師を除いた数名の学習者同士で，レポートを持ち寄って意見交換をします．そして，最後に講師を進行役として，全体討議をします．講師は講義をするのではなく，学習者が意見を述べることを促進し，励まして，学習者が相互に活発に議論できるようにしていくこと，そのために板書きしながら意見を整理していくことが役割です．

　討議では，学習者は活発な議論を行うことが求められますが，その際に，「勇気・寛容・礼節」がルールとされます．自分の意見を発言する勇気をもつこと，他者の意見を寛容に理解しようと努めること，他者やグループ全体に対して大人として成熟した態度で礼節をもって振る舞うこと，の3つのルールです．このルールを守れば，自由な雰囲気で率直に意見を伝え合うことができます．学習者は積極的に意見を述べ合う必要があります．そして最後に，出てきた多くの意見を振り返り，講師が重要な点について補足的説明を行うほか，本来，そのケースで学ぶべきポイントと出てきた意見を照らし合わせて，学んだことを確認していきます．

　このように，本来のケースメソッドでは，学習者は事前学習を綿密に行い，討議では講師が参加者の発言を促し，相互に意見交換が可能になるように助けながら総括して学習ポイントを確認する手順になっており，すぐに活用することが難しい部分も多く含んでいます．本書では次節で説明するように，多忙で，多様な知識レベルの学習者が混在する訪問介護現場でも，活用することができるように，ケースメソッド本来の良さをもちながらも，進め方や説明の仕方を変更しています．

　事例を用いた学習の方法に，読者もよく知る事例検討というものがあります．ケースメソッドは，事例検討と似ているようですが大きな違いがあります．「事例検討」では，実際の事例を題材として，よりよい介入

方法を導き出したり，事例の提出者が求める課題解決の方法を提示したりすることが必要になります．しかし，「ケースメソッド」では，事例提供者はいません．その理由は，ケースメソッドは，そのケースを検討することによって学ぶべきポイント，いわば教育目標があり，それに到達するように設計された教育用の架空のケースを扱うからです．

　事例検討で取り上げる実際の事例は，学習者に必要な学習要素を必ずしも含んでいるとは限りません．たとえば，経験の浅い学習者に，きわめて複雑な要因が絡み合った状況を含んだ実践事例が示され，それについて検討しても，学習者はまさに「歯が立たない」状況に陥るでしょう．一方で，キャリアのある学習者にとっては，それほど新しい学びは得られないような事例の場合もあります．

　このように，事例検討の良さを残しながらも，テーマや課題の内容，その難易度を予測することが不可能な事例検討ではなく，必要な学習ポイントを，事例を通して学んでいく方法として開発されたのが，ケースメソッドなのです．ケースメソッドで用いるケースは，まさに「ケース教材」であり，それぞれのケースが教材としての意味をもっています．ケースを検討することによって身に付けるべきポイントを学習者に身に付けてもらうことを意図して，ケース自体がつくられています．

　学習者の皆さんは，ケースで取り上げられる主人公に自分を重ね合わせて，自分ならどうするかを考えることで，学習すべきポイントを，疑似的な実践経験から学ぶことができるといえるでしょう．

2）サ責の学習のためのケースメソッドとは

　サ責は，利用者への支援を個別に行うと同時に，支援のために他の関係機関と連携したり，家族とも関わり合ったりします．また，そこで働く介護職員やヘルパーの人たちのマネジメントや育成も重要な業務の1つです．このように考えると，サ責には，きわめて多角的な視点が求め

られているということができます．この点は，サ責の仕事の多くは，経営者に求められるものとよく似ています．

　経営者は，事業の財務状況や，顧客のニーズ，社会的状況，従業員の働きやすさなど，複数の事柄を同時に考慮した経営判断を求められます．同様に，サ責も多角的な視点が求められていることから，ケースメソッドが有効だと考えられます．また，地域包括ケアが目指されている現在，在宅での高齢者ケアに直接関わる介護職員やヘルパーの人たちにも，経営者やサ責と同様の視点が求められています．

　このようなことから，ケースメソッド教育法を，サ責をはじめとして，ヘルパーや在宅に関わる他の専門職の人々の研修に活用できるようにしたいと考えました．ただし，ケースメソッドは，経営を学ぶために開発された教育手法ですから，介護の事例を扱ううえでは，いくつかの工夫を施す必要があります．

　1つは，ケアには目指すべき理念が明確にあるため，すべてのケースでこれを教育目標の1つとするということです．通常の経営では，理念は経営者が決め，それを示すことは求められますが，理念自体は多様です．しかし高齢者ケアの現場において，目指すべき大きな理念は介護保険法によって決められています．具体的には，高齢者が尊厳を保持し，要介護状態になっても能力に応じてできる限り住み慣れた地域で，可能な限り自立した生活を営めるようにすることです．ケアに関わるすべての人々は，このことを忘れてはなりません．そのためすべてのケースで，この理念を考えられるようにしました．

　次に，ケースメソッドの進め方について，高度なファシリテーション技術（参加者の発言を促して，討論を活性化するための技術）がない場合でもより現場で活用しやすいように工夫しました．「4. 研修の進め方の手引き」を読めば，初めての人でも，研修を進めることができるように工夫してあります．また，実際のケースメソッドによる研修動画を「添付CDの

映像資料」で視聴できるようにして，研修の雰囲気を感じ取ってもらえる
ようにしました．加えて次節では，初めて研修を行う際に，受講者にケー
スメソッドについて説明する手順も示しました．本書からケースメソッド
についてある程度の理解が得られたとすれば，「4. 研修の進め方の手引き」
と「3. ケースメソッドによる研修会とは」を用いて，研修の実施が可能
となります．

3）ケースメソッドの特徴

（1）ドキュメンタリ形式のケース提示

　高齢者ケアの研修会で事例を扱う場合に，通常は高齢者を主人公とし
て事例が説明されます．たとえば，高齢者の A さんの性別，年齢，要介
護度から始まって，どのようにして課題が生じてきたかの経過が説明さ
れることが一般的です．しかし，本書におけるケースメソッドによる研
修では，主人公は高齢者ではなく，サ責です．ケース教材は，サ責がど
のようにして，A さんと出会い，A さんに関わったのか，というサ責の
視点からみた経緯が書かれたドキュメンタリ形式になっています．

　学習者はまず，ドキュメンタリ形式で書かれた，サ責を主人公とした
ケースを 1 人で読み，自分がその立場だったらどのように考え，どのよ
うに行動するかを考えたうえで，研修会に参加することが求められます．
このように，あらかじめケースを十分に読み込んで，自分なりの考えを
もって当日の研修会に参加する，ということがきわめて重要となります．

（2）全体学習の基本ルール：勇気・寛容・礼節

　研修会当日は，自分の意見をもったうえで，他の参加者と意見を交わ
して，よりよい意見を集団で産み出していく必要があります．しかし，
これまでの事例検討会等では，事例を紹介した後に意見が出にくかった
り，ときには事例を出した人を半ば吊るし上げるような意見ばかりが出
てしまったりして，実りある学習ができたとはいえないものも多く見受

けられます．このような雰囲気の事例検討会にはだれも行きたくないばかりか，事例を出すことに緊張を覚えて，だれも事例を出したくなくってしまいます．

こうしたことが起こらないようにするためには，研修会全体の雰囲気が，自由で建設的で，互いを助け合おうとするような雰囲気が不可欠です．しかし一方で，ただ仲間内でやみくもに褒め合うだけでは，成長が期待できません．仲間内の慣れ合いを起こさずに，かつ自由で建設的な雰囲気がつくられるために，「勇気・寛容・礼節」という3つの約束が重要になってきます．

「寛容」は化者の意見を前向きに聞き，自分と異なる意見であってもその意義を考えて聞く耳をもつ態度を表しています．これは，いわゆる傾聴の姿勢と非常によく似ています．討議であることから，傾聴だけできても意味がありません．そのときに「勇気」をもって自分の意見をいうことが求められます．小学校低学年では自由闊達に意見が出ていたのに，中学生になるとなぜか教師が問いを投げかけてもだれも手を挙げない，ということがあります．大人であれば尚更このような傾向が強まるように思われます．

この現象は，社会的抑制とよばれる現象で，ひとりならば意見がいえても，多くの人がいるなかで意見をいうことが抑制されてしまうことを表しています．

一方，この反対の社会的促進という現象もあります．これは，集団のときに自由に意見をいう人が現れて，ひと度意見が出始めると，その雰囲気から普段はいわない意見も，どんどん発言するようになることを表しています．周囲が自分の意見を批判せずに，ていねいに扱ってくれるという安心感によって，人は積極的な態度をもつようになり，社会的促進が生じるのです．

このような社会的促進が生じるために，「勇気・寛容・礼節」という3

つの約束は，全体学習のなかできわめて重要な概念だといえます．

（3）事後学習

　事後学習では，全体での話し合いの際に出てきた意見をもう一度確認します．全体学習では，多くの人との意見を交換し，普段の業務とは違った緊張感や開放感があって，参加者の気分は高揚するものです．「研修に出てよかった」と思えることも少なくないでしょう．このこと自体は大切なことですが，しかし，そのまま事後学習を行わないでいると，せっかく全体学習で得た学びも，高揚感が収まってくるころには，忘れ去ってしまいます．事後学習は，全体学習までの学びを，日常の業務と関連づけ，定着させる重要な役割をもっています．事後学習を必ず行うようにすることが大切です．

　学習内容を自分の経験と結びつけて，実践に活用できるようにシートを用意しました．シートを活用することで，研修のなかでの意見交換を，自分の業務に結びつけて考えることができ，研修を実践に活かすことができます．

　また事後学習では，全体学習のなかで意見として出てきた対応方法が，そもそも高齢者ケアの理念に即しているのかの確認も兼ねています．これまでにも説明したように，高齢者が尊厳を保持し，要介護状態になっても，できる限り住み慣れた地域で，能力に応じた自立した生活を営むことができるようにすることを目指したケアを行わなくてはなりません．そのため，全体学習で出した意見が，この理念に合致しているかどうかを必ず確認します．

【参考文献】

石田英夫，星野裕志，大久保隆弘（編著）：ケースブックⅠ．ケースメソッド入門，慶應義塾大学出版会，東京（2007）．

ケースメソッドによる研修会とは

　本項では，実際に研修を行う際に，進行役の人がどのようにケースメソッドを説明すればよいのか，その手順を示します．実際の研修場面や説明手順がわかるように，映像教材やシートを巻末のCDに納めてあり，映像を示して説明に代えることもできます．また巻末資料にパワーポイント原稿を配布資料用として添付しておりますので，活用してください．ここでは説明用パワーポイントの画像と併せて，説明手順を示したいと思います．

1）あいさつとケースメソッドの説明をすることの宣言
　研修にあたっては，最初のあいさつの後，進行役とはなにかについて簡単に説明します．

【スライド1】　ケースメソッドによる研修会とは

　この説明自体を進行役ではない人が担当する場合でも，自己紹介を簡単にしてください．次にケースメソッドによる研修会のやり方の説明をすることを参加者に知らせます．従来の事例検討会とは方法が異なっているため，新しいやり方で参加してもらうために説明が必要です．そして，な

によりも，この研修会をみんなでよいものにしたいと思っていることを率直に伝えます．

　このように，よいものにしたい，とそのまま伝えることは，気恥ずかしいかもしれませんが，最初に明確に伝えることで，当たり前のことを参加者全員で確認し，よい雰囲気の研修会をつくるきっかけにすることができますので，省略せずに伝えてください．

2) 3つの学習段階と「主人公の立場から考える」ことの説明

【スライド2】

【スライド3】

スライド2・3の説明例

【スライド2】
ケースメソッドでは，すでに配布した事例を「ケース」とよんでいます．
このケースは，援助の対象となる高齢者を主人公にした書き方ではなく，サ責の視点からまとめられています．このケースを使って学習を進めるケースメソッドには，事前学習，全体学習，事後学習，の3つの学習の段階があります．

【スライド3】
最初に，参加者のみなさんは，ケースの主人公であるサ責の立場に立って，「自分だったらどうするか」と考えながら読んでください．
そして「自分だったら」どうするのかを，事前に考えてきます．箇条書きで自分の考えや方法を簡単にメモしてくるようにしてください．
このように，ケースメソッドでは，研修会の前に，研修参加予定者が自分1人でケースを読んで，ケースの最後にある設問に，自分なりの対応方法を考えてくるところまでを，「第1段階：事前学習」とよんでいます．研修会の当日までに，事前学習を必ず行ってから参加してください．

　ここでは，研修の全体は，研修会の場だけではなく，事前学習，全体学習，事後学習の 3 つから成り立っていることを最初に示して，事前学習を研修会の前にすませておくことを伝えます．この事前学習が充分になされていないと，研修当日にケースを読み込んでしまい，討論の時間が取れなくなります．このことを十分に参加者にわかってもらう必要があります．

　また，ケースといっても，援助対象者のケースではなく主人公がサ責になっている点に，ケースメソッドの特徴でもあります．はじめての参加者はそのことに戸惑うかもしれません．しかし，この段階では，その違いを強調して説明するよりも，「主人公の立場に自分が立ったときにどうするかを考える」ことが重要であることを説明したほうがよいでしょう．

　ケースメソッドの特徴は，回数を重ねていくうちに，体験的に徐々に理解が深まります．

【スライド4】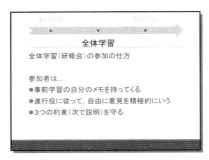

【スライド5】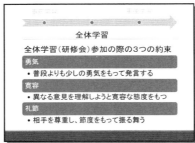

スライド4・5の説明例

【スライド4】
研修会の当日は学習の2段階目の「討論」の段階にあたります.
事前に配布されたケースと自分なりの対応方法を持参します.
進行役が,小グループまたは全体で,意見交換をすることをうながしますので,進行役のもと自由に意見を述べてください.

【スライド5】
討論の段階で,参加者に守ってもらいたい大切な約束が3つあります.
勇気,寛容,礼節,です.
「勇気」とは,気恥ずかしいと思っても,少し勇気を出して意見を述べること.
「寛容」とは,他の人の意見と自分の意見が異なっていても,拒否したり,批判したりしないで,それぞれの意見のよさを認めること.
「礼節」とは,大人として礼節を保った態度や振る舞いを取ること.
当たり前のことのようですが,この3つの約束を常に意識していくことで,よい研修会になります.協力をお願いします.

全体学習の説明です．もっとも大切なことは，討論のなかで参加者に求められる態度として，「勇気」「寛容」「礼節」が重要であることを，参加者に印象づけることです．研修会は，参加者が他者への尊敬と節度をもった態度で，勇気をもって発言し，他者の発言を寛容に受け止めることで，よりよい意見が出てくるようになります．

事後学習は，研修に参加して学んだことを，自分の経験と結びつけ，今後の業務に活かすことができるようにするために必要です．最初に，このように事後学習の意味を説明しておくことで，研修中から自分の経験と照らし合わせながら考えるようになることも期待できます．

事後学習には，出てきた意見が，倫理的に問題がないかを確認する作業も含まれます．

たとえば，ひとり暮らしが心配な高齢者に，安易に施設入所を勧める，

【スライド6】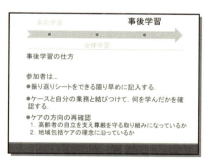

【スライド7】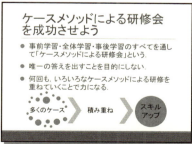

スライド 6 の 説 明 例

【スライド6】
研修会の最後は，学習の3段階目の「事後学習」の段階にあたります。
「討論」で出てきた参加者の意見全体を振り返り，普段の自分の業務にどのように結びつけられるのかを考えます。
気づいたことや学んだこと，わからなかったことを，確認するのが，「事後学習」です。
参加者は，研修の感想を発表します。ここではよいことばかりをいうのではなく，気づき，学び，不明な点，などを自由に話すことができます。
また，「振り返りシート」を，その場もしくは持ち帰って，記入して学んだことを確認します。
また，事例に対して出てきた意見が，援助の対象となる高齢者の尊厳を守っているか，自立支援に向けた対応になっているか，地域包括ケアの理念に沿っているか，を最後にもう一度確認します。

スライド 7 の 説 明 例

【スライド7】
このように，ケースを前もって読んで個人で意見を考える事前学習，勇気・礼節・寛容を守って多くの意見を自由に出し合う討論，そして自分の業務と結びつけて学んだことを確認する事後学習，の3段階をまとめて，「ケースメソッドによる研修会」とよびます。
ケースメソッドは，「正しい唯一の答え」を出す方法ではありません。よりよい対応を考えることはできても，唯一の答えがあるわけではないので，参加者が経験したことやこれまでに学んできたことなどを踏まえて，よりよい方法をみんなで考えるものです。
この方法を使って，これから複数回のケースメソッドによる研修会を行っていきます。継続して行うことで，お互いに意見を出すことにも慣れて，よい研修会になります。

という対応が挙げられた場合，地域包括ケアの考え方に基づけば，何とかして在宅で生活できないかを考えることがよりよい対応となるでしょう．

まとめのスライドです．ここで大切なことは，ケースメソッドによる研修会は，「唯一の答えを出す場ではない」ことを理解してもらうことです．また，この一連のケースメソッドによる研修会は，1回ではなく継続して行うことでより効果をもたらします．継続した参加が重要であることもここで説明しておきます．

研修の進め方の手引き

1）研修の事前準備について

全体学習当日までに以下の準備を進めておきます．巻末CDにある付録「映像資料」に実際の研修場面の様子が収録されていますので，可能であれば事前に参加者全員で視聴しておくと取り組みやすいでしょう．

（1）研修スケジュール

研修の企画者は，その研修目的や対象者に応じて開催する日時・場所を設定します．開催間隔は定期的であるほうが研修効果が得られやすい（たとえば1か月ごとなど）です．1回の研修で1つの事例を取り扱いますが，事例を読み込むなどの時間を考慮して参加者が無理なく実施可能なスケジュール設定を行いましょう（全体学習は1回あたり，合計で90分以内に終了するようにします）．なお，回数を重ねていくごとに研修効果が高まっていきますので，同じ参加者が続けて参加できることが望ましいです．

- 後述のように事例を討議する形式のため，1回あたり4～5名の参加者が実施最少単位となります．人数が多い場合の対応は後述します

（2）研修場所・物品など

場所については参加者が集まれる（座れる）スペースがあれば，事業

所内等でも充分可能です．座席位置については，参加者がお互いの顔が
みえるようにしたほうがより研修効果が得られます．
　当日に使用する物品は主に以下のようになります（使用法等は後述）．

・ホワイトボードなど板書ができるもの：大きさはなるべく大きいも
のがよいです．この研修に慣れないうちは事前に事例のテーマか登
場人物（後述の模擬事例を参照）を記入しておくと当日の進行がス
ムーズにいきます．また，板書するマーカー等は複数の色を用意す
ると，より効果的に板書が進められます．

・パワーポイントなどの機器：ケースメソッドの説明等で使用しますが，
なければ紙ベースの資料で充分対応できます．

2）事前学習について

　この研修は模擬事例（ケース教材）を用いて参加者全員で考えていく
方式となっています．そのため，全体学習の前に自己学習が必要となり
ます．研修の企画者は参加者全員に予め事例を配布しておきます（読み
込む時間を考慮して）．なお，全体学習当日は「参加者」とそのなかの1
人が「進行役」となって一緒になって事例について考えていく形になり
ますので，「進行役」（予め決めておきましょう．参加者のなかで持ち
回りのようにするとよいでしょう）は，研修の流れについても確認して
おきましょう．

①「参加者」は模擬事例（ケース教材）をよく読み，自分が思ったこ
とや感じたことを言葉にできるよう意識してみましょう．そのうえ
で，事例の設問についても自分なりの考えや意見を整理しておきま
す．（事前学習シートに記入もしておきましょう．事前学習シート
は，巻末CDにある付録を参照）

②「進行役」は後述の研修の流れを確認しましょう．なお，「進行役」
には，以下の注意点があります．

・参加者と一緒に事例を考えていく役なので，研修を引っ張っていったり意見を取りまとめようとしたりする必要はありません．

・ただし，自分の意見は控え，あくまで参加者が自由に発言したり意見を交換できるお手伝いをするということを意識しましょう．

3）全体学習について（当日の流れ）

全体学習当日は進行役がフォローしながら，参加者全員で1つの事例について一緒に考えていきます．以下のような流れで進行役は研修を進めていきます．

①研修の進め方をパワーポイント資料（紙ベースでも可）「ケースメソッドによる勉強会とは」の内容を読みながら全員で確認する．

・進行役は，この研修を実施するうえでいちばん大事なポイントとなる，「勇気」「寛容」「礼節」が大事であることを強調します．（詳細は31，36ページ）

・毎回，同じ参加者が出席する場合，初回に「ケースメソッドによる勉強会とは」の全文を読み上げ，2回目以降は全文でなく「勇気」「寛容」「礼節」などのポイントの確認をするやり方もあります．なお，その場合に初回に参加できなかった人については，全体学習開始前に別途，一緒に全文を読み上げる時間を設けるなど，必ず研修方法を確認することが必要です．

②全体学習の最後に本日の研修の感想を述べてもらう，「振り返り役」（2～3名）が，その旨を参加者に伝えます．

・たとえば，入室前に番号の札をわたしておき，最後にあみだくじで振り返り役を決めるといった遊び感覚を取り入れてもよいでしょう．

③模擬事例を読み，内容を再確認する．同様に設問を読み内容を再確認する．

・参加者は事前学習をしてきていることが前提なので，全員がきち

んと読み込んでいれば事例の読み上げは省略して設問の確認だけでよいでしょう．もし，事例の読み込みが不十分な参加者がいた場合は，確認のために事例を音読します（その際に音読するのは進行役でも参加者でも，どちらでもよいでしょう）．

・事例の登場人物の呼称については利用者や家族が「～さん」，サービス提供責任者（以下サ責）等は職種や役職等に統一されていることを確認します．

④全員での意見交換を行います．設問に対し，参加者に自由に発言してもらいます．

・発言は参加者の自発性を尊重します．なかなか発言が出にくいようであれば，「勇気」の再確認をして促したり，設問やテーマを読み上げたりすることもよいでしょう（研修の初期や参加者が初顔合わせの場合，最初発言が出にくいこともあります）．

・発言があったら，進行役は発言内容を板書していきます．板書は慌てずに内容が合っているかを発言者に確認しながら進めていきます．ゆっくりでもかまわないので発言者の発言が正確に反映されるようにしてください（板書方法については**45ページを参照**）．

・ある程度発言が出たところで「これらの発言内容でつながりのあるもの，関連しそうなものはありますか？」と参加者に問い掛けます．指摘された内容を線で結んでいきます．その作業の後に，追加の発言があるかを参加者に聞き，発言があれば板書に追加していきます（線や囲みについては**46ページを参照**）．

・板書を完成させることや，意見を1つにまとめることが目的ではありません．進行役は，参加者が自由に発言して多様な意見が出てくるように留意してください．参加者と進行役のやり取りがなされると，より意見交換の場が充実していきます．ただし，礼節・寛容が守られていることを必ず確認してください．

研修ワンポイント：意見を出しやすくするために

　もし参加者の人数が多い場合，2，3人〜5人程度の小グループをつくり，全員での意見交換の前に設問について予め意見交換を行うという方法があります（目安となる人数・時間などは下表参照）．これは，全員での意見交換をするための練習ともいうべき時間で，この後に参加者個人が発言をしやすくするという効果があります（グループで意見をまとめるものではありません）．なお，参加者がこの研修に慣れてきたときはグループ意見交換を省略し，全員の意見交換に入ることも可能です．

- もし，初対面の参加者同士の研修であれば，氏名・所属程度の自己紹介をグループ内で行ってもよいでしょう．
- 進行役は「グループ内で意見をまとめるのではなく，参加者全員がグループ内で自由に自分の意見を発言するための時間である」ことを予め伝えます．また，そのために「礼節」「寛容」を守って意見交換を行うことを全員で再確認します．
- 意見交換の時間は進行役はグループを回りながら礼節・寛容が守られているかを確認しましょう．
- 意見交換の時間は，表を参照してください．あくまで個人の発言の練習なので，時間が長くなってしまったり，意見の取りまとめにならないよう注意しましょう．

	参加者人数			
	6名以下	7〜10名	10〜20名	20名以上
グループ人数	実施不要	2〜3名	3〜4名	5名
意見交換時間		5分程度	5〜10分程度	10分程度

・ほぼ意見が出たり，ある程度発言内容をまとめる作業ができたところで，その設問に対する意見交換を終了し，次の設問に対する意見交換を行います．意見交換の流れは最初の設問と同様です．発言内容によっては最初の設問を振り返ってみてもよいでしょう．

⑤設問に対する意見がほぼ出たり，あるいは研修時間が終了近くになったら，振り返りの時間に移ります．振り返り役を決め（前述のあみだくじの場合，ここであみだくじの結果を発表）発言をうながしてください．

・進行役は，振り返り役の人に以下の問い掛けをします．
「本日の研修で，あなたが学んだことを，これまでの自分の経験と重ね合わせて，そこからなにを感じましたか？　その感じたものを教えてください．」
同様に他の振り返り役にもコメントをもらいます．

⑥最後に進行役は以下のようなコメントで締めくくります．

・「いまお答えいただいた感想は，本日の振り返りの人の感想です．皆さんも自分なりに今日の学びと自分の経験を合わせたところで，感じたことや考えたことを整理して持ち帰り，事例のテーマについても振り返ってみましょう．今回の研修を活かし，明日からの業務に活用できるところは活用してください．」
巻末の該当する事例「振り返りシート」を配布して終了する．

4）事後学習について

全体学習の終了後には，「振り返りシート」を活用し，事後学習として研修内容を見返し次の研修に向けて事前学習の準備などを行います．また，研修内容を事業者内でのディスカッションやケース検討などに用いるのもよいでしょう．

・振り返りシートは参加者個人の学習成果としてだけでなく，「事業所内で，事例についての意見交換をする」「実際の事例のカンファ

レンスを行った際の振り返りとして活用する」など，全体のスキルアップに利用できます．
・研修全体についても振り返ることで（巻末の「研修全体の振り返りシート」参照）研修効果を実感するなどにより，次回の研修への準備につながりますので，活用してみましょう．

5）板書の進め方

　進行役は参加者からの発言をホワイトボードや模造紙等に板書し，関係のあるものを囲んだり，線でつないだりしながら，参加者が意見を述べたり考えをまとめることを支援していきます．事例の「登場人物」あるいは「テーマ」のどちらかを先に記入しておくと，板書がしやすくなったり，参加者が発言しやすくなると思います．

①ここでは，人物を先に板書しておく場合を例に説明します．参加者から，もし「(a)」という発言があった場合，その発言内容を聞き取り，板書の人物やテーマなどを確認します．

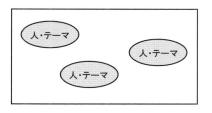

②もし発言に近い人物やテーマあれば，その近くに発言(a)を記載する．（近いものがなければ，とりあえず空いたところに記載でもかまいません）

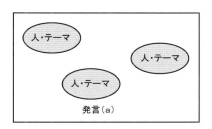

　これらを繰り返していきます．

③同様に発言(b)(c)(d)(e)を記載していきます．ゆっくりでかまわないので，発言内容を正確に記載します（発言内容や記載場所などを発言者本人に確認しながら行うとよいでしょう）．

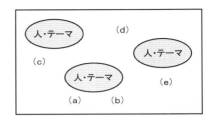

④ある程度，意見が出たところで関係のありそうな発言を線でつないだり囲んだりしていきます．

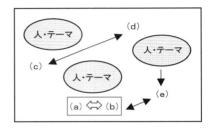

その際は，参加者に「いままで出た意見で近いものは，どれでしょう？」「このなかでお互いに関係のあるものはありますか？」「この意見は，どのように考えたらよいでしょうか？」などと投げ掛け，参加者皆さんで考えてもらうようにしていきます．そのなかで補足の意見や，新たな意見が出れば，随時，加筆をしていくなど，その場に合わせて板書をしていきます．

6) 進行役が困ったとき（Q&A）

「人前に立ったことがない」「進行役なんて心配」という人もいると思います．進行役は，あくまで全員で考えるためのお手伝い役ですが，もし困ったときのヒントをいくつか挙げておきます．

Q：参加者から事例の内容について質問は出たけれど，書いていること以外わからないし，どのように答えればいいの？

A：模擬事例は，あくまで参加者が意見や考えを広げていくための1つ

の素材です．逆に参加者がそれをどのように考えるか（考えられるか）の意見を述べてもらい，他の参加者にも発言してもらってもよいでしょう．

Q : 全体の意見交換になったら，なかなか発言してくれない．どうしよう．

A : 研修が最初のころや，参加者が初対面の場合，発言が出にくいことがあります．沈黙は進行役にとっては辛い状況ではありますが，参加者が「考える」時間が必要な場合もあります．「勇気」の確認をして発言を促したり，設問を確認するなどを行ってみましょう．事例のテーマについて意見を求めてもよいし，また，参加者を見回して，何となく発言してくれそうな人がいれば「設問に関すること以外のことでも，この事例であなたが感じたことはありますか？」などと最初の発言を促すということもできます（ただし，「勇気」をもって発言することも研修の大事な目的なので，研修が進んできたときは毎回同じ参加者だけが発言するのではなく，発言したことがない参加者に促すことも大切です．なにか答えを強要するのではなく「先ほどの意見についてどのように感じましたか？」といったように，一歩を踏み出しやすい投げ掛けでもよいでしょう）．さらに，途中でパッタリ意見が途絶えることもありますが，いままでの発言を振り返って復唱したり，前の設問に戻って「考える」時間をつくると発言が再開しやすくなります．また，ここで事例のテーマについて発言を求めるなどしても，次の意見が出やすくなるかもしれません．

Q : 発言はあるが，板書がうまく書けないし書き方もよくわからない．

A : まず大事なことは，参加者の発言を正確に反映することです．ゆっくりでもよいので「あなたがいっていることはこういうことです

か？」と復唱・確認しながら行ってみてください（その間に参加者が自分の考えや意見をまとめる時間にもなります）．また，発言内容を整理したり，線で結んだり・囲んでいく際も，参加者に意見を述べてもらいながら進めていくようにしてください．進行役が板書を完成させることが目的ではなく，参加者が考えをまとめたり発言しやすくするための手段であると考えてください．

Q：発言の多い人が，意見をまとめようとしてしまう．みんなの発言も減ってしまうし，どうしよう？

A：事例について話し合うと，どうしても結論をすぐに出したくなってしまう場合があります（全体でも小グループでも）．しかし，研修の目的の１つとして「参加者で一緒に考えていく」ということがあります．もしだれか1人の意見だけになってしまう恐れがあれば，「〜さんの意見はこうですね．それに対して他の皆さんはどのように考えられますか？」「他の意見があれば是非うかがってみましょう」などと，他の参加者の発言を促すような進行役の「勇気」が必要になる場合もあります．また，もしその発言の多い参加者が他の参加者の発言を遮ってしまうようなことがあれば，「礼節」「寛容」を参加者に思い出していただくように促し，「まずは，他の人のお話もうかがってみましょう」などと投げ掛けてみてください．

Q：模擬事例から，いつの間にか実際の事例をどうするかという話になってしまった．

A：模擬事例から実際の事例を想起することはよくあります．もし，模擬事例の話題から完全に逸脱してしまう恐れがある場合は，「実際の事例と今回の模擬事例で，どのようなところが似ているでしょう？」「実際の事例と似ているようですが，模擬事例と違うところはどのような

ところで〜しょう？」などと，実際の事例を模擬事例のヒントの1つとして活か〜つつ，話題を模擬事例に戻すことも大切です．

Q：参加者同士で意見が対立し，批判したり，緊張した場の雰囲気になってしまった．

A：批判・対立が生じてしまうようであれば，一旦は発言を休止していただき，参加者全員に「礼節」「寛容」思い出していただくよう促すことが必要なときがあります．場合によっては，その内容をひとまずおいておき，別の意見・話題から再開するという方法もあります（「この話は考え方が難しいようなので，先に，○○さんからご意見のあった件について，もう少し考えてみましょう」など）．

Q：利用者にとって好ましくないこと(不適切なケアなど)を発言する参加者がいる．

A：あまりないことだとは思いますが，もし参加者のなかで，利用者さんへの対応として不適切な発言をする参加者がいれば，「われわれの仕事の大前提として，高齢者の自立支援のために在宅生活を支援する（利用者中心の支援）」ということを，思い出していただくことも必要かもしれません．一旦は発言を休止していただき「ご本人が少しでも在宅で安心して生活できる方法を皆さんで考えてみましょう」と仕切り直すこともよいでしょう．また，あまりにも極端な意見が出てしまった場合も同様です．

Q：研修の終わりの時間だけど，発言が終わらず，結論も出ないがどうしよう．

A：ある程度の時間は前後しても，基本的に決められた時間で終了することは大事です．参加者全員の集中力が持続するにも限界があります．「話につきませんが，今回の研修終了時間となりますので，一

旦終了し，今日の研修内容を持ち帰ってそれぞれが振り返ってみましょう」と終了への促しや，振り返りシートの活用につなげてみましょう．また，それぞれの事例の目標はありますが，唯一絶対の答えがあるわけではありません．進行役が意見を無理に取りまとめたり，結論をつくる必要はありません．
・進行役は参加者の発言を促したり，板書したりと大変かもしれません．しかし，一度体験すると，次回の研修から事例を幅広く捉えられるようになったり，発言がしやすくなるなどの効果があります．恐れずに，ぜひ行ってみてください．

研修実施の留意点と効果評価方法

1）研修の留意点

　本研修を進めていくうえで，進行役の人に留意してほしいことを，以下に述べていきます．

　研修においては，その研修のねらいが大切になります．「Ⅰ-4．求められるサ責像（17ページ参照）」で5つのねらいを示しました．ここで再確認をすると，「柔軟な対応力を養う」「アセスメント力を養う」「マネジメント力を養う」「コーディネイト力を養う」「コミュニケーション力・情報発信力を養う」となります．

　これらの力を養うためには，研修参加者には，ケースメソッドの約束事である「勇気」「寛容」「礼節」の3つの約束を心がけることが大切です．進行役の人は，研修参加者がこの3つの約束を守り，実践するように促していくことが求められます．同時に，進行役の人自身も，この3つの約束を守り，実践することが大切です．

2）事前学習の留意点

（1）事前に必ず「模擬事例」を読んでもらう

　研修で使用する「模擬事例」を決めたら，研修参加者に事前配布を行います．1 週間程度前には配布するようにしてください．そして，自己学習を行う時間的な余裕を確保するようにしてください．

（2）「模擬事例」の設問に回答してもらう

　「事前学習」のシートを使用して，「模擬事例」の設問について，自分なりの回答を記述してもらってください．箇条書きやメモ書き程度でもよいので，設問への自分なりの考えをもってもらうことが大切です．

（3）上記の 2 つを必ず「事前学習」として実施してもらう

　「全体学習」を進めていくためには，参加者が「模擬事例」を読み，設問についての自分なりの考えをもって「全体学習」に参加してもらうことが大切です．その準備ができていない人が参加すると，その人のために，もう一度「模擬事例」を確認し，設問について考える時間を取ることになり，研修全体の時間が伸びてしまったり，そのあとの小グループおよび全体での意見交換の時間が短くなってしまうことになります．それでは，研修が中途半端になってしまい，実りある研修を行うことができません．足並みを揃えない少数の人のために，他の人が迷惑を被るということになります．この点は，進行役だけでは難しいので，研修の企画者から参加者全員に「事前学習」を必ず行うことを促しましょう．

3）全体学習の留意点

（1）研修の進め方をよく読み，映像を見て，研修のイメージをつくっておく

　その経験が初めての人もいるかもしれません．初めて行う不安もあると思います．不安を少しでも減らすために，進行役の人は，研修の進め方をしっかりと確認することが必要です．

　また，進行役は，あくまで研修を進めていくための役割であり，講師

や教師といった教える立場の人ではありません．研修に参加している人と立場は同じです．自分自身が研修を通して学ぶ姿勢をもちながら，進行役を務めてください．

(2) 個人の意見を尊重し，無理やり意見を集約しない

「全体学習」では，無理やり意見の集約をする必要はありません．参加した人たちが自分の意見や考えをそれぞれに述べ，参加者全員で共有していくことを第一とします．それによって，新しいものの捉え方や考え方を学ぶことができると思われます．

(3)「模擬事例」のテーマの内容を予習しておく

「模擬事例」ごとに，本研修のねらいに対応したテーマが設定されており，さまざまな意見が参加者から出されることと思います．そのために，進行役の人は，研修で使用する「模擬事例」のテーマの内容を必ず予習しておいてください．

(4) 倫理的に逸脱した意見や考えにはブレーキをかける

参加者から多様な意見や考えを出してもらうことが第一ですが，参加者の意見や考えのなかには，介護保険法の理念に照らしたとき，見過ごせない倫理的な問題を含む内容が出てくる場合があります．

たとえば，利用者や家族の人権や尊厳を軽視した発言，社会ルール上から好ましくなく不適切なケアや支援の方法，虐待やハラスメントを疑わせる言動や対応などです．その際は，倫理的に好ましいことではないことを指摘して，修正してください．

なお，上記のような不適切な言動が出てから対応することに自信がない場合は，研修の初めに「考えた意見が，介護保険法の理念から外れる倫理的に好ましくないケアや支援に該当しないか，発言する前に考えるようにしてください」と伝える方法もあります．

(5)「勇気」「寛容」「礼節」の 3 つの約束を忘れない

上記の留意点を展開していくために，重要になることが，何度も繰り

返し出てきているケースメソッドの3つの約束である「勇気」「寛容」「礼節」です．研修のなかでも折に触れて確認していくことで，周囲を気遣うことや，自分の振り返ることができるといえます．

進行役の人も，自分の言動に対して，この3つの約束を忘れないことが大切です．

4）事後学習の留意点

研修が終わると，それでひと段落と考えがちです．本研修の場合は「全体学習」が終わった時点でそのように感じてしまいがちになります．それでは，研修の成果を十分に深めることができません．進行役の人は，必ず「事後学習シート」を用いての振り返りを行うように，参加者に促してください．

「事後学習シート」は，その日のうち，もしくは2，3日のうちに記入してもらい，回収するようにしましょう．そして，1週間程度のうちに，その内容を参加者分コピーして参加者に配布し，内容を全員で共有するようにします．そのため「事後学習シート」の回答前に，参加者全員で共有することを伝え，了解を得ておくことが必要になります．この点は，研修企画者が取りまとめてください．

5）「全体の振り返り」シート実施の留意点

このシートは，本研修を複数回実施する場合に用います．1回だけの研修では，ケースメソッドによる研修の意義や効果を体感できない場合があります．ケースメソッドは，複数回の研修を体験することで，その意義や効果が表れてきます．各事例からの学びだけではなく，研修自体の学びを評価する場合に，このシートを活用します．

活用方法は，最低3回実施して，このシートを使用してください．もしくは4，5回で終了する場合は，その時点で実施してもかまいません．

本書の6事例をすべて使用する場合は，3回目で一度行い，6回目でもう一度行うと，研修自体の学びをさらに深めることができます．

6) 研修の効果を評価する

　評価については，研修の企画者の役割になります．企画者が評価の取りまとめをします．なお巻末 CD に付録として，「事前学習シート」「事後学習シート」「研修全体の振返りシート」を付してありますので利用してください．

(1)「事前学習シート」の評価について

　先の留意点でも述べたとおり，「全体学習」に参加する前に，必ず個別に実施してもらうことが大切です．

　そのため，事前学習の評価の基準は，事前学習シートへの記入の有無をもって確認します．シートへの記入があれば，事前学習を行っていたと評価できます．

(2)「全体学習」の評価について

　先の留意点で述べたとおり，自分の意見を述べることが「全体学習」では求められます．進行役は，参加者に発言を強要してはいけませんが，自分の意見を述べてもらうことが大切です．同時に，他者の意見を「寛容」「礼節」をもって聞くことも求められます．

　そのため，全体学習の評価の基準は，1 つは，参加者が自分の意見を述べたかどうかになります．参加者個々に，発言を行ったか行えなかったかの振返りをしてもらうこともよいでしょう．その際に，発言しなかったことを非難してはいけません．当人に発言し難かった理由を振り返ってもらい，次回の研修に活かすようにしてもらいましょう．

　2 つ目は，「勇気」「寛容」「礼節」の 3 つの約束が守られていたかどうかです．進行役は，全体としてこの 3 つの約束が守られていたかどうかを振り返り，改善点がある場合は，次回に活かしてください．

参加者個々については，この3つの約束が守られていたかどうかを振り返ってもらい，次回の研修に活かしてもらうように促してください．

(3)「事後学習」の評価について

事後学習については，付録の「事後学習シート」を用います．「全体学習」の学びを，参加者個々に振り返り，自分の考えを再整理するものです．設問ごとに回答してもらい，学んだことを文章にして明確にします．ねらいの1つは，事前学習の内容と違ったか同じだったかを確認して，自分の意見の変化を振り返ります．次に，事例からの学びを整理します．そして，それが実際の現場でどのように活用できるかを考え，業務へ役立てる工夫を考えることで，勉強内容を現場の実践に結びつけるようにします．学んだことが，実践現場につながっていくことが大切です．それが「アセスメント力」「マネジメント力」「コーディネイト力」「コミュニケーション力」の向上につながっていきます．

そして，参加者全員で各自の内容を共有することで，さらに多様な考え方やものの見方を再学習することができます．

(4)「研修全体の振返り」の評価について

この評価は，本研修の事例学習を複数回行った後に行うものです．本研修は複数回の積み重ねを行うことで，研修の効果が深まります．シートの設問に回答することで，参加者個々の研修の効果を評価します．

本書では，模擬事例を6事例掲載しています．研修全体の振り返りを行う場合は，表II-1に示した進め方を参考に振り返りを実施願えれば，さらに効果的ではないかと考えます．

本研修を通して「勇気」「礼節」「寛容」の3つの約束を身につけることで，他者の話を聞く，自分の意見を相手に効果的に伝えるという力が養われます．それは「コミュニケーション力」をつけるということであり，さらに，「マネジメント力」「コーディネイト力」の向上が図れるといえます．

表 II-1　複数回の研修の進め方

6 事例すべてを実施する場合	3 事例を実施する場合
前半の 3 事例を行う➡3 事例までの振り返りを行う➡後半の 3 事例を行う➡6 事例までの振り返りを行う	3 事例を行う➡3 事例までの振り返りを行う

　本研修を通して，自分の考え方に多様さや広がりをもつことができるようになったか，現場に活かせる考え方やいろいろなヒントを増すことができたか．これらは「アセスメント力」「マネジメント力」の向上に役立つといえます．その効果があったかどうかを評価するために，シートに回答して，自身の振返りを行ってみてください．

　併せて，各自の振り返りを共有することで，更なる考え方の広がりを増やすことができます．

7）まとめ

　研修を企画し進めていく企画者は，上記の点を確認し，参加者に自己評価の要点を伝えていくとよいでしょう．

　企画者や上司が，参加者がどの程度できているかといった評価を無理に行う必要はありませんが，参加者がシートに記入することで，振り返りを行う機会をもてるように支援することを努めてください．そのためにも，それぞれのシートは記入してもらうことを勧めます．

　なお，繰り返しになりますが，介護専門職として倫理的に問題と思われる内容が記入された場合は，その参加者に個別に対応するなどして，倫理的に誤った考え方や対応を修正してもらうように働きかけることが重要です．

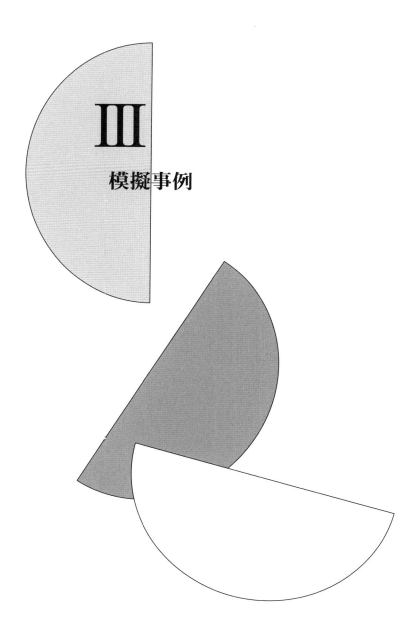

III

模擬事例

模擬事例のテーマについて

　本書では，研修に使用する模擬事例を 6 事例用意しています．いずれも主人公がサービス提供責任者（以下，サ責）ですが，それぞれの事例にはテーマが設けられており，さまざまなポイントから研修を行えるようになっています．基本的には 1）の田中の事例から順番に行っていくことになりますが，研修目的に応じて事例を選んで（組み合わせて）実施することも可能です．研修を実施する際は「II-5．研修実施の留意点と効果評価方法」の章も参考にしながら，研修計画を立ててください．以下に各事例の特徴を簡単に挙げておきます．なお，事例の特徴として記載している「柔軟な対応力」「アセスメント力」「マネジメント力」「コーディネイト力」「コミュニケーション力・情報発信力」については，「I-4 求められるサ責像」に挙げた 5 つの項目になっていますので，確認しておきましょう．

1）田中の事例
- 事例の特徴：主に「マネジメント力」「コーディネイト力」「柔軟な対応力」に焦点を当てた事例
- 事例のテーマ：利用者へのケース対応
　　訪問介護員（以下，ホームヘルパー）の業務指導
　　ホームヘルパーのコーディネイト
　　訪問の仕事と指導の業務のバランス

2）山下の事例

- 事例の特徴：主に「マネジメント力」「コーディネイト力」「アセスメント力」に焦点を当てた事例
- 事例のテーマ：ホームヘルパーからの必要な報告の引き出し方，報告の仕方の教育
  サ責として各ホームヘルパーの特徴の把握の仕方，マネジメントの仕方
  事務作業の効率化
  効果的な研修の企画とその検証

3）大石の事例

- 事例の特徴：主に「マネジメント力」「コーディネイト力」「アセスメント力」「柔軟な対応力」に焦点を当てた事例
- 事例のテーマ：認知症の BPSD のアセスメント，ものとられ妄想への対応
  ホームヘルパーの精神的フォロー，業務指導
  サ責自身へのケアへの関わり方
  職場全体での情報共有

4）神谷の事例

- 事例の特徴：主に「マネジメント力」「コーディネイト力」「アセスメント力」に焦点を当てた事例
- 事例のテーマ：ホームヘルパーの業務指導
  ホームヘルパーの健康管理
  人材育成と指導・教育の仕方
  家族からの情報収集と対応方法

5）鈴木の事例

- 事例の特徴：主に「アセスメント力」「コミュニケーション力・情報発信力」「柔軟な対応力」に焦点を当てた事例
- 事例のテーマ：利用者の状態とニーズの把握

  認知症ケアを踏まえたアセスメント

  利用者の立場に立った訪問介護計画書の立案

  他の専門職，事業所，機関との連携

6）城田の事例

- 事例の特徴：主に「アセスメント力」「コミュニケーション力・情報発信力」「柔軟な対応力」に焦点を当てた事例
- 事例のテーマ：サ責として利用者本人や家族の適切なアセスメント

  訪問介護事業所としての多職種との連携や発信力

  求められるコミュニケーション力

　田中は高卒後,ホームヘルパー2級を取得.特別養護老人ホームを複数もつ法人で5年間働いて介護福祉士を取得した.出産育児のため3年間職を離れるが,4年前に訪問介護事業所に再就職.サービス提供責任者となって,2年目に入ったところである.

1. 久々の訪問

　足立さん（91歳,女性,血管性認知症,要介護2）は5年前からデイサービスを利用している.しかし,支度に手間取るようになり,ちょうど田中がいまの事業所に再就職した4年ほど前にデイへの送り出しのサービスが始まった.最初の1年間を田中が担当した後,小西ホームヘルパー（54歳,女性,非常勤,勤続15年）が引き継いで3年となる.田中は着任間もないころ,小西になにかと面倒をみてもらった経緯があり,親しみを感じていた.そんな折,小西ホームヘルパーから電話が入った.「主人が急に体調を崩してしまって,私が面倒をみないと.田中さん,申し訳ないけど1か月休ませて.」田中自身の担当が増えていたところであったが,自分で穴埋めをすることにした.

　足立さん宅に行くと,田中の顔は覚えていたのか,「あら,久しぶりね」と歓迎してくれた.しかし,多少言葉が聞き取りづらくなっており,以前

よりもさらに身の回りのことに時間がかかるようになっていた．服を着替えるにあたっては，タンスから上着を2着出し，それをしまって，今度は下着を出したりと手順がおぼつかない．見かねて手伝おうとすると，「あなた失礼ね」と急に怒り出す．そうかと思えば，言葉に詰まりながらもまとまらない話をしようとし，今度は手が進まないといった様子であった．

　同居しているお嫁さんに，田中が「私がきていたころに比べると様子が少し変わったようですね」と伝えると，嫁も「もう歳も歳だから，できないことが多くなってきて．だいぶ，小西さんの手も煩わせてしまって．おまけにこんな風でしょう？　小西さんもね，『きちんとお嫁さんのいうことを聞かないとダメじゃないの』といってくれるんだけど・・・．おばあちゃん口が悪くて言い返したり，ひどい時には物まで投げようとするのよね」という．お嫁さんは複雑な表情を浮かべていた．

　田中がお嫁さんに足立さんのデイサービスでの様子を訪ねると，行ってさえくれればデイサービスでは比較的穏やかに過ごしているようだとのことであった．田中はお嫁さんに「私たちも対応の仕方を少し見直す必要がありそうですね」と伝えた．

2．部下からの相談

　小西ホームヘルパーの休職からちょうど1か月が経とうとしていたころ，榎本ホームヘルパー（36歳，男性，常勤，勤続2年）が終業時間間際にポツリともらした．「いやあ，実は僕料理が苦手で・・・．四苦八苦しながら何とかやっているんですけど，どうにも調理に時間がかかってしまうんですよ．」他のホームヘルパーも交えての雑談の流れからの話であったので，「それは頑張って料理がうまくなるしかないね」と冗談混じりに皆で喋っていたのであるが，榎本ホームヘルパーがあまりに深刻な表情で訴えるため，何とか互いの時間を調整して個別に話すことにした．

　改めて榎本ホームヘルパーから話を聞くと，調理に手間取り，サービス

が時間超過してしまうこともしばしばだという．なぜもっと早くいわない
のかと田中が強い口調で伝えると，榎本ホームヘルパーは申し訳なさそう
に「すみませんでした」と謝罪する．榎本ホームヘルパーは一般企業に就
職した後，複数の病院で看護助手の仕事に就き，その後この事業所に移っ
てきたとのことで，調理とは無縁の職歴だった．そのうえ，いまも実家暮
らしであるため，普段の料理はすっかり母親任せになっており，調理のス
キルを上げる機会があまりないようだ．田中はひとまず普段から自分で料
理をつくるようにと話し，時間超過は「絶対ダメ」と指導した．

3．新たな依頼

　その翌日，新規依頼が立て続けに3件あり，どれも早めに返事がほし
いとのことであった．事業所長（管理者）からは「難しいだろうけどお
願いね」と，できる限り早めの対応をするようにとの指示があった．田
中はぶつぶつと独り言をいいながら，小西ホームヘルパーも復帰の目処
が立っていたことから，依頼を受ける方向でシフトの調整を考えること
にした．新規依頼のうちの1件は小西ホームヘルパーの希望にかなう訪
問エリアにあった．そのエリアには，調理下手の榎本ホームヘルパーが
現在担当しているケースもあるため，田中はこの2ケースをまとめて小
西ホームヘルパーに依頼し，代わりに小西ホームヘルパーが担当してい
た足立さんを榎本に担当変更してはどうかと考えた．榎本ホームヘルパ
ーの調理時間の問題は，すぐに何とかなるような問題ではなく，ひとま
ず調理のない足立さんに担当変更することは田中には妥当に思えた．

　早速打診してみると，榎本ホームヘルパーは不得手な調理から離れら
れるとのことで，「認知症に関する知識は比較的もっているつもりですか
ら」とむしろ歓迎とばかりに笑顔を浮かべる．小西ホームヘルパーには
電話で変更のことをていねいに相談した．小西ホームヘルパーは，なぜ
足立さんの担当を外れるのかと少し不満気ではあったが，事情を話すと

納得し,「あらそう・・・. 足立さんには私も思い入れがあって, ちゃんと
やってあげなきゃと思ってたのよね. お嫁さんの気持ちもわかるし. あ
れじゃ疲れちゃうわよ. そのへんのことはちゃんと榎本さんに話さない
といけないわね. まあ榎本さんが担当しているケースと, 新規について
は, 任せといて」と頼もしげに引き受けてくれた.

田中は, 当面はこれでいいかと少しホッと息をつきながら, さてあと
の新規2件はだれで調整するか, 新規依頼にはいつ訪問したものかと考
えながら, 眉をひそめて自分の明日のスケジュールをながめた. ただな
がめながら, 朝から夕方まで訪問が入っていて, 他の仕事は, いったい
いつ, どうやって行えばいいのだろうかと考え込んでしまうのであった.

田中の翌日のタイムスケジュール

部分が業務時間, 下の項目が業務内容)

8:30 始業

8:00	9:00	10:00	11:00	12:00
	デイ送り出し	生活援助		排泄・食事介助

17:30 終業

13:00	14:00	15:00	16:00	17:00
	生活援助	入浴介助		デイ迎え

設問 1. 田中は, この時点で, どのような気持ちで, どのようなことを
考えているのでしょう.

設問 2. 田中の気持ちを踏まえつつ, あなたが田中なら, 具体的にどう
なることを目指して, 次にどのような対応を行いますか.

田中の事例　ケースのねらい・ポイント

● 事例のテーマ
- ・足立さんへのケース対応
- ・ホームヘルパーの業務指導
- ・ホームヘルパーのコーディネイト
- ・訪問介護の仕事と指導の業務バランス

● 事例の解説
　サービス提供責任者の仕事の重要な点として，訪問介護員の業務指導を行うことと，また一方で自らも訪問介護を行っていること，その両方のバランスを取ることがあげられます．この事例では，そのバランスの重要性を学ぶことができます．まず，田中サ責がどのように業務を行っているかをみたうえで，上記の視点でどのような改善をしていけばよいかを事例の流れに沿って考えましょう．

1）久々の訪問
　田中サ責はサービス提供責任者となって2年目に入ったところであり，ある程度のサ責としての仕事は理解し，実践しているところでしょう．しかし，そこで小西ホームヘルパーが急に休職することになります．ここで田中サ責は自分が穴埋めをするという決断をしています．その結果，足立さんの認知症が進行していることがわかります．田中サ責は対応の仕方を見直す必要があることに言及していますが，一方で足立さんのお嫁さんと小西ホームヘルパーは，足立さんの最近の様子を認知症の進行という視点でとらえられていたのかという疑問が残ります．また，小西ホームヘルパーの「きちんとお嫁さんのいうことを聞かないとダメじゃないの」という足立さんに対する発言に対するお嫁さんの複雑な表情か

らも，家族かうも足立さんに対する対応がこれでよいのかという迷いがうかがえます．認知症の進行への理解，それに合わせた対応，家族との共通理解について，改善の必要があると思われます．

2）部下からの相談

次に榎本ホームヘルパーが登場し，調理が不得手で時間超過してしまうことがしばしばであることが語られます．これに対しては田中サ責が叱責していますが，報告・連絡・相談が十分になされていないことがわかります．個々のホームヘルパーの得意不得意はあるでしょうが，時間超過という大きな問題が出ていることが，すぐに報告されていないことが問題です．またこの問題は雑談のなかで初めて聞かれた話です．その後に機会をもたなければ，さらにこの問題は見過ごされていたことでしょう．報告・連絡・相談の体制を早急に見直す必要があるといえそうです．

3）新たな依頼

このなかでは，新たな依頼を受けることを含め，田中サ責は小西ホームヘルパーと榎本ホームヘルパーを交代させることでお互いの不得手部分をカバーしようと配置しています．田中サ責はていねいに説明をすることで小西ホームヘルパーの理解を得ることに成功しています．また榎本ホームヘルパーも乗り気であり，足立さんとその家族への説明と理解を求める必要がありますが，この時点での打開策としてはまずまずであったと考えられます．しかし，その後田中サ責が考え込んでしまうように，田中サ責の業務は自らの訪問介護で埋まっており，新たな訪問になかなか時間を割くことが難しい状況です．

● 全体を通して

田中サ責の事例について概観したところで，全体を通じた問題につい

て考えましょう．田中サ責は自ら現場に出ることが多く，それがために事業所全体として，個々の訪問介護員への指導の時間や体制が非常に取り難くなっていることがわかります．また，新規依頼についてサ責として訪問することも難しくなっている現状です．このような問題は起こり得ることではありますが，サ責として新規依頼についての援助目標の設定や，すでにある訪問介護計画の修正を行うことも重要な役割となります．この業務配分を，いかに実現していくかについて討議できるとよりよい学びが得られるでしょう．

田中の事例　板書例

設問1（65頁参照）についての板書例

田中の気持ちとともに，その他の登場人物の気持ちも記入する．

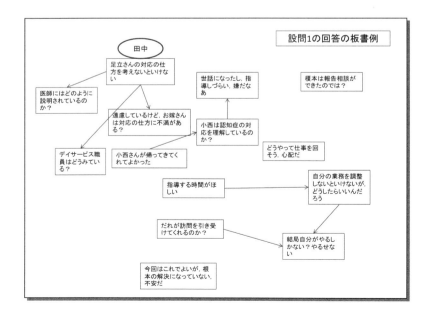

設問2（65頁参照）についての板書例

設問1の内容を受けて，具体的な対応について記入する．

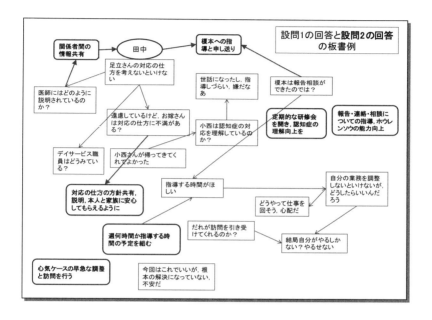

サービス提供責任者
山下の事例
(53歳, 女性)

　高校卒業後, 一般企業に勤務. その後一般企業を退職し, 人材派遣会社の派遣社員として数か所の工場に勤める. 42歳で派遣登録を辞め, 半年間病気療養. 体調回復後に介護職に転身した. デイサービス, 訪問介護等3か所ほど勤める間に46歳で介護福祉士を取得. 現在の会社にサービス提供責任者として常勤採用されて, 間もなく6か月が過ぎる.

1. 困難事例の初めての担当

　事業所のホームヘルパーとも次第に関係が取れつつあるころ, 佐々木さん (74歳女性, 要介護1) の依頼が舞い込んだ. 佐々木さんは認知症の診断もついてはいるが, 若いころから統合失調症と診断されている事例でもあり, 前情報では複数の事業所が訪問を断った経緯があるということだった. 山下はサ責としては日が浅いため, 管理者を兼務している有馬サ責 (27歳女性, サ責4年目) をサブに据えて担当することとなった.

　山下が訪問してみると, 情報どおりのごみ屋敷状態. しかし, 佐々木さん自身はにこやかに応対してくれ, 山下のサービスに関する提案については同意を示してくれた. 多少, 拍子抜けの感があったが, 事業所に戻りその旨を有馬サ責と共有した. 最初は, ベテランの橋口ホームヘルパー (63歳女性) に担当してもらうことを提案すると, 「それでいいの

ではないでしょうか」との有馬サ責の言だった.

　橋口ホームヘルパーには室内の動線を確保することを目的に，週2回の生活援助に入ってもらうことになった．そして2週間程度経ったある日，嘆くように次の報告があった．「あの人，なかなか大変です．調子が良い時は穏やかでいいんですが，悪い時はどう工夫しても拒否的で，ひどい悪口を投げかけてくるのよ.」ひとまず橋口ホームヘルパーにねぎらいの言葉をかけ，「前情報でも大変な人という話があったからねえ・・・．わかりました．私のほうでも対応を考えてみます」と伝えた．その足で，山下は有馬サ責に橋口ホームヘルパーからの報告の件を話した．すると，意外な反応が返ってきた．有馬サ責は「橋口ヘルパーもまだ2週間だし，探り探りといった段階ですよね．ちょっと言葉は悪いかもしれないですけど，橋口ヘルパーはきっと大変だっていいたいんだと思いますから，労わりながら，まあゆっくりとやってもらえばいいんじゃないでしょうか」という.

　山下はそれを聞き，ケアマネや家族と集まって方針を統一した方がいいのではないか？　連携を図った方がいいのではないか？　と息巻くのだが，有馬サ責の意見はまだその段階ではないというものだった．山下はしぶしぶと「そうなのかしらね」といいながら，他の案件の対応に当たるのだった.

2．続く意見の食い違い

　それからさらに2週間が経っても，橋口ホームヘルパーからの報告はやはり同様のものだった．「もう，顔色をうかがいながら行っているような感じで，困ったわ」と付け加える．その間山下と有馬サ責も，それぞれ橋口ホームヘルパーとともに訪問してみたのだが，多少言葉のキャッチボールがずれること以外，佐々木さんの応対はとてもていねいなもので，むしろ従順といってもよいほどだった．報告を聞くたびに「あの人

は大変だから」という橋口ホームヘルパーの言葉を聞きながら，山下は次第に橋口ホームヘルパー自身の佐々木さんへの対応の仕方にも問題があるのではないかと思うようになっていった．

　山下は有馬サ責に対し，橋口ホームヘルパーと佐々木さんは合わないのではないか，どうにかしたほうがよいのではないかと相談した．すると，有馬サ責は「代わりをといっても，なかなか他に行ってくれそうな人がいまのところ見当たらないですよね」と担当表をみながら答える．「まあ何とかやってくれているので，別にいいんじゃないでしょうか？」という有馬サ責に対し，山下は何ともいえない物足りなさを感じていた．それであればしばらく山下自身が訪問してもいいのではないだろうかと提案をしてみるのだが，有馬サ責からは山下にはサ責としての事務的作業もきちんとやってほしいからとの返答だった．それをいわれるとぐうの音も出ない山下は，またしぶしぶと勤務表の作成に取りかかった．

　意見の合わなさに少々うんざりしながらではあったが，表作成ソフトの使いづらさに，結局有馬サ責にあれやこれやと教えてもらいながら進めるほかなかった．

3．研修の立案

　その一件からまだほとぼりも冷めないうちに，本部から通達があった．それぞれの事業所での職員の研鑽が不十分であるように思われるため，早急に研修機会を設けるようにとのことだった．有馬サ責は，「研修といっても，どこで時間を合わせればいいんだか…」と珍しく愚痴をこぼしている．橋口ホームヘルパーの件がひっかかっていた山下は，接遇研修を行うことを有馬サ責に提案してみた．

　困り果てていた有馬サ責は「それにしましょうか．何とか皆さんの予定が合うところを調整して」と山下の意見を採用し，できる限り多くの人が合わせられそうな時間を作り出そうと予定の組み換えも考えている

ようだった.

　山下は自分が研修内容を考えなければならないような雰囲気を何となく感じていたのだが,いざ研修の企画となると,どのようにしてよいのかがわからない.まず,以前派遣されていた工場で受けた接遇研修の資料を探し出し,街の大きな書店でできるだけ使えそうな本を購入して,必要と思われるところを使用することにした.

　いざ当日になり,山下は緊張気味で司会を務め,まず資料を読み上げる形で研修を始めた.序盤は一般論から始まる内容に,参加者のなかには多少退屈な表情を浮かべていた者もみられた.しかし,中盤以降,本から抜き出した事例やロールプレイを交えてみると,皆一様に笑顔を浮かべて「楽しかった」「勉強になった」との感想を述べていた.そのなかには橋口ホームヘルパーの姿もみられており,「参考になりました.利用者の心に届く言葉遣いを,私きちんとできていなかった気がします」との発言だった.

　それを聞いた山下は,慣れないながらも研修を企画したかいがあったと嬉しく思っていた.

　しかし,それからまた数日も経たないうちに,橋口ホームヘルパーからは「あの人は本当に大変」と以前と同様の報告が入るようになり,ついつい苦い表情を浮かべてしまうのだった

設問 1.　山下は,この時点で,どのような気持ちで,どのようなことを考えているのでしょう.

設問 2.　山下の気持ちを踏まえつつ,あなたが山下の立場なら,具体的にどうなることを目指して,次にどのような対応を行いますか.

山下の事例　ケースのねらい・ポイント

●事例のテーマ

- ・ホームヘルパーからの必要な報告の引き出し方，報告の仕方の教育
- ・サ責としての各ホームヘルパーの特徴の把握の仕方，各ホームヘルパーのマネジメントの仕方
- ・事務作業の効率化
- ・効果的な研修の企画とその検証

● 事例の解説

　各ホームヘルパーの特徴を把握し，またホームヘルパーを通して各利用者の介護状況を知ることはサービス提供責任者にとって必須の能力でしょう．また，サービス提供責任者はさまざまなデスクワークも抱えます．手際のよいデスクワークを行うことができれば，その分他の業務に時間を割くことができます．

　研修の企画と実施は，事業所によっては管理者が行う場合もありますが，これもサ責の役割の1つです．これらのキーワードを基に，事例を追ってみましょう．

1）困難事例の初めての担当

　山下はサ責となって6か月です．サ責になると同時に現在の会社に勤めているので，職場に馴染み勝手もわかってきたころでしょう．ベテランの橋口ホームヘルパーを，大変な人と前情報のある佐々木さんの担当にという判断も無難さを求めてのものであったと思います．その橋口ホームヘルパーから対応に困る話を聞いて，サブの有馬サ責に相談をするのですが，有馬サ責と意見が合いません．

　ここで山下サ責と有馬サ責に起こっている意見の違いは佐々木さんの

介護というよりも，むしろ橋口ホームヘルパーをどのようなホームヘルパーとしてとらえるかというところにあると思われます．

山下サ責は，そこに異なりがあることにうまく気づけていないようです．

2）続く意見の食い違い

ここで山下サ責も，有馬サ責も橋口ホームヘルパーと佐々木さんを訪問してみているのですが，やはり橋口ホームヘルパーと佐々木さんの関係，サ責としての業務の優先順位について，山下サ責と有馬サ責は意見の一致をみていません．

山下サ責は，橋口ホームヘルパーと佐々木さんの関係に問題があり，改善したほうがよいと考えているのですが，有馬サ責はあまり問題を感じていないようです．山下サ責が橋口ホームヘルパーと佐々木さんの関係の何を問題と感じているのか，有馬サ責はなぜ問題と感じていないのか，その具体的な話がありません．具体的な話がないのは，橋口ホームヘルパーから具体的な報告が聞けていないというところに端を発するでしょう．

橋口ホームヘルパーを代えるといった対策を打ち出す前に，そこで何が起こっているのかについて橋口ホームヘルパー，山下サ責と有馬サ責は共通見解をもっておくことが必要でしょう．

また，山下サ責のデスクワークの苦手さが他の業務を圧迫している様子もみられます．管理者でもある有馬サ責からすればそれも大きな問題なのですが，ひょっとしたら山下サ責はできるだけ事務的作業を避けたい思いがあるのかもしれません．山下サ責はまず自分の業務として何を優先してやるべきなのかについても，有馬サ責（管理者）と話し合っておく必要があります．

3）研修の立案

　ここでは，山下サ責が橋口ホームヘルパーの件で感じていた接遇の問題を研修として検討してみようと試みています．日々感じられる問題から研修を企画するというのは非常によい姿勢といえます．慣れないながらも何とか研修を実施してみると，橋口ホームヘルパーを含む参加者からは好意的なコメントが得られましたが，効果の程は疑問のようです．

　研修はねらいがあって行うものですが，効果をどこで判断するかという視点がないと，ねらいを達成できたのかどうかがわかりません．そしてまた，その研修のねらいが，現状の問題とマッチしていたのかという判断を行わなければ，効果的な研修を企画実施できたとはいえないでしょう．

● 全体を通して

　山下の事例では，最初の段階から有馬サ責（管理者）との間で，橋口ホームヘルパーをどうみるかについてボタンの掛け違いが起きています．そして，そこに気づけないままに，問題が経過しています．

　サービス提供責任者は中間管理職です．管理者とサ責という視点でも，同じ事例に関わるサ責同士という視点でも，この事例は，人材をどのように評価し，用いるのかという問題に集約されるように思います．それに続いて，的確なスキルの向上をどのように可能にしていくかが重要です．

山下の事例 板書例

設問1（73頁参照）についての板書例

山下の気持ちとともに，その他の登場人物の気持ちも記入する．

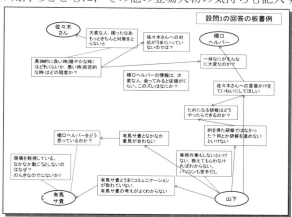

設問2（73頁参照）についての板書例

設問1の内容を受けて，具体的な対応について記入する．

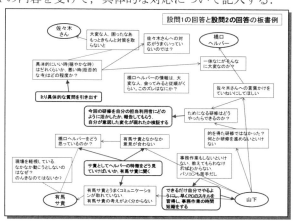

　大石は福祉専門学校を卒業し介護福祉士を取得．在宅系のサービス事業所（同法人は居宅介護支援事業所，訪問介護，デイサービス，グループホームを同敷地内で経営）に就職して8年．3年前から訪問介護部門のサービス提供責任者となる．

1. 本山さんの訪問介護サービス利用開始
　その年の10月に，同じ法人の山田ケアマネジャーから，本山清子さん（78歳）への訪問介護サービス提供の依頼が入った．清子さんは要介護3の認定を受け，系列のデイサービスをすでに利用していた．サービス提供内容は，日中独居になるため，デイサービス利用のない日の食事支援（週2回昼食の支援）であった．大石は，同居する息子の太郎さん（50歳）に連絡を入れた．太郎さんは母親の清子さんと2人暮らしであり，平日は勤務のため不在となるということで，翌週末の土曜日に自宅を訪問することとなった．当日，清子さん，太郎さんと面会し，サービスの詳細についてのやり取りなどを行い，次の週からホームヘルパーを派遣することになった．

2. 息子からの問い合わせ
　訪問介護サービス提供は，青山ホームヘルパー（女性，30歳，常勤）

と赤羽ホームヘルパー（女性，45歳，非常勤）が担当した．利用開始1か月の時点で，大石は，2人からサービス提供の状況を確認した．サービス提供は問題なく行われ，清子さんも2人がくること楽しみにしているということであった．

　サービス提供を始めて2か月が過ぎたころ，息子の太郎さんから，大石に問い合わせが入った．太郎さんは「最近，母親から，『ヘルパーがくると物がなくなる．あの人たちが取っていくのだ．何とかして』と，夜自宅に帰ると訴えられる．ヘルパーさんがそんなことをするはずはないだろうというと，『あんたはあの女の肩をもつのか』といって怒り出し，大変だ．なだめすかすと落ち着くのだけれど，困っている．本当の事とは思えないが，ヘルパーさんに確認してほしい」というものであった．大石は，ホームヘルパーがそのようなことはしないし，指導等もしていることを伝えたうえで，ホームヘルパーに状況を確認し，後日連絡を入れる旨を伝える．太郎さんも「母親は，認知症が入っているので，そのせいかもしれないけれど，母親のいうことをまったく信じないというのも家族として考えものなので，よろしくお願いしたい」と返答する．

　次の日に，大石は青山ホームヘルパーの出勤の際に，太郎氏からの連絡内容を伝え，変わったことはないかを尋ねた．青山ホームヘルパーは清子さんの認知症の症状が中等度であり，かなり進んでいるので，妄想ではないかと答える．また連絡帳に記しているとおり，食事支援の食材等は，記載どおりに確認されていると答える．その週のうちに，赤羽ホームヘルパーと話す機会を設けることができ，状況を確認すると，同様の返答であった．大石は，太郎さんに連絡をし，聞き取り状況を伝えたうえで，清子さんの認知症症状が関連していること，連絡帳に提供内容等をしっかり書いていることを伝え，様子をみさせてもらいたいと話し，太郎さんも了解してくれた．大石は，上司である管理者の小川に報告を行い，山田ケアマネジャーにも報告を行った．

3. 清子さんの被害妄想

　大石は，2週間ほど，清子さんの様子を気にし，担当の青山ホームヘルパーと赤羽ホームヘルパーに訪問後にサービス提供の様子を確認した．2人とも，サービス提供時は，清子さんは人当たりがよく「助かります．ありがとうねぇ」と返事をしてくれると報告をしてきた．その報告を受け，大石は太郎さんに連絡を取った．すると「母親の訴えは相変わらずです」と答え，「母親が『中年の女がくるたび，私は怖い．ニコニコしているが，あの女がきた後は，物がなくなっている』と訴えるんです．なにを盗られたのかと聞くと，それがはっきりしないので，どうも作り話のようなのですが」と語りつつ，サービス利用日のたびに仕事から帰ると同じことをいわれるのはつらいと訴えてきた．大石は，認知症による清子さんの妄想であることを伝えると，太郎さんも「それはわかっていますが・・・」と答える．しかし，この状況がどうにかならないものかと困惑気味に訴え「母が気にしている年配のヘルパーさん（赤羽）を代えることはできないのですか？」と尋ねてくる．大石は，すぐには返答できないので，検討する時間をくださいと伝え，電話を置いた．

　早速，大石は管理者の小川に相談し，山田ケアマネジャーと連絡を取ってみることにした．大石は，太郎氏から聞いた内容を伝え，清子さんのデイサービスでの様子について尋ねると，山田ケアマネジャーは「そういえば」と思い出したように話し始めた．清子さんがデイサービスを利用し始めたころ，特定の職員さんを毛嫌いするということがあった．そのときは，清子さんのデイサービス利用が途絶えるわけでもなく，利用は続いていたし，担当者との立ち話のなかでの話題だったので，あまり気に留めなかったという．山田ケアマネジャーは，そのときのことを，改めてデイのスタッフに確認してみるといってくれた．ほどなく山田ケアマネジャーから，清子さんの特定職員に対する毛嫌いは，やはり妄想だったらしく，かなりひどかったようで，ターゲットになった職員はそれを気に病んで辛そうだ

ったとのこと．結局，その職員は，非常勤のスタッフだったので，清子さんが利用しない日に出勤日を変更して対応したとのことであった．

4．赤羽ホームヘルパーの苦悩

　大石は，管理者の小川と相談し，担当ホームヘルパー2名とともに，清子さんへのサービス提供に関して，ミーティングをもつことにした．

　ミーティングの席で，大石が，太郎さんからの相談内容を伝え，清子さんの被害妄想が背景にあることを伝えた．2人の担当に聞くと，サービス提供時は，被害妄想を窺わせる言動は一切ないと答えた．デイサービスで同様のことが以前に生じた際の対応方法を例に示した後，今後どのような対応をしていけばよいかと問いかけたところで，赤羽ホームヘルパーが立ち上がり，上ずった声で「きちんと仕事してたし，入っている時は何の問題もなかったのに，それで担当を代えるんですか」と訴えた．自分が悪者のようにみられている気がして嫌だと，赤羽ホームヘルパーは答え，そのあとは押し黙るようになり，ほとんど発言せず，3名のやり取りにかすかにうなずくのみであった．

　結果的に，息子の太郎さんの訴えに沿うように，赤羽ホームヘルパーの枠を別のホームヘルパーに割り振る方向になった．ミーティング終了後，そのための対応方針を考え，太郎氏に連絡を入れる算段を行いながら，赤羽ホームヘルパーの言動を思い返し，釈然としない気持ちを抱くのであった．

設問 1．大石は，この時点で，どのような気持ちで，どのようなことを考えているのでしょう．

設問 2．大石の気持ちを踏まえつつ，あなたが大石なら，具体的にどうなることを目指して，次にどのような対応を行いますか．

大石の事例　ケースのねらい・ポイント

● 事例のテーマ

・認知症の BPSD のアセスメント，物盗られ妄想への対応

・ホームヘルパーの精神的フォロー，業務指導

・サ責自身のケアへの関わり方

・職場全体での情報共有

● 事例の解説

　認知症高齢者のケアにおいては，BPSD の内容や程度等を的確にアセスメントし，その結果に合わせた対応が必要になります．BPSD によっては介護者との関係性を悪化させるものもあるため，当然介護家族や訪問介護事業所の職員を巻き込んだ問題が引き起こっても不思議はないでしょう．これらのことを念頭に事例を追いましょう．

1）本山さんの訪問介護サービス利用開始

　大石サ責の働いている法人は比較的大きな法人で，在宅系のサービス事業所を複数もっており，しかも同じ敷地内にあります．大石サ責は同法人で働いて 8 年です．見知っている職員も多いはずです．本山清子さんはすでに系列デイサービスに通っていたとのことなので，清子さん自身や太郎さんとの関係性や人物像について，事前情報の取得や共有は比較的スムーズに行うことができることでしょう．

2）息子からの問い合わせ

　青山ホームヘルパーや赤羽ホームヘルパーから，清子さんが訪問を楽しみにしているという状況報告を受けていたところに，太郎さんからの問い合わせの電話が入ります．太郎さんも清子さんの盗られたとの言葉を真に受けてはいないようですが，どのように清子さんの言葉を受け止

め，対応してよいのか困ったのでしょう．大石サ責はいぶかしく思いながらも，2人のホームヘルパーに状況確認をした結果，物盗られ妄想が関係しているとみたようです．その説明を正しく太郎さんに行っています．しかし，ここで問題となるのは，太郎さんが本山さんの症状に困惑しているということだと思われます．

3）清子さんの袄害妄想

　大石サ責と太郎さんとのその後のやり取りで，太郎さんが妄想への対応に困惑していることがよりはっきりとしてきています．そして，山田ケアマネジャーとの相談，デイサービスからの情報提供により，特定の人に対する妄想をもつ人物であり，その対象が今回は赤羽ホームヘルパーになっていることがわかります．

　太郎さんは解決方法として赤羽ホームヘルパーの交代を提案しています．問題の構図として，清子さんと太郎さん vs.事業所職員となってしまっているので，清子さん自身と太郎さん，事業所でチームを組み，物盗られ妄想を防ぎかつ対処するという構図にいかに作り上げていくかが重要になります．

4）赤羽ホームヘルパーの苦悩

　事業所内でミーティングをもった際の赤羽ホームヘルパーの怒りも，清子さんと太郎氏の訴えを受けたために事態の収集をするというニュアンスがあったことに起因するものと思われます．

　大石サ責も苦しい立場であったことでしょうが，結局赤羽ホームヘルパーを代えることになってしまいました．赤羽ホームヘルパーには，個人の問題でなく，全体としてのケアのあり方の問題であったことを告げ，あり方を検討する中心人物として活躍してもらってもよいのかもしれません．

● 全体を通して

このように事例を追ってみると，問題は清子さんのホームヘルパーへの物盗られ妄想への対応に太郎さんが苦慮し，その解決を事業所に求めたという構図にあることが浮かび上がります．しかし，まだ太郎さんの困惑へのケアがなされていませんし，そもそもどのような状況において，どのような人や接し方に対して，清子さんの妄想が起こるのかがわかっていません．大石サ責は次の担当者に赤羽ホームヘルパーのような気持ちを抱かせないよう，場合によっては直接的に清子さんと接して妄想の引き金を探ってもよいでしょう．太郎さん自身の清子さんの訴えへの対応を支援することは，山田ケアマネジャーと協力して行うことができるかもしれません．

大石の事例　板書例

設問1（81頁参照）についての板書例

大石の気持ちとともに，その他の登場人物の気持ちも記入する．

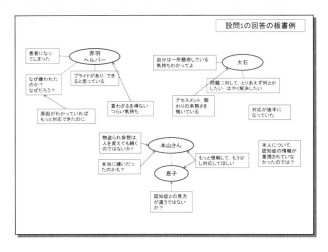

設問2（81頁参照）についての板書例

　設問1の内容を受けて，具体的な対応について記入する．

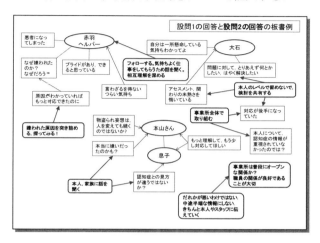

　神谷は，大学卒業後5年間一般企業に勤めた後，介護業界に移ってきた．3年，特別養護老人ホームに勤務した後，会社経営の訪問介護事業所に転職し，ヘルパー業務を3年経験したのち，1年前から訪問介護サービス提供責任者（以下，サ責）を担当している．

1. 古谷ホームヘルパーの業務指導

　神谷が，現在の訪問介護事業所のサ責になって2年が経つ．現在，事業所は，管理者の鈴木と神谷，常勤ヘルパー3人，非常勤12人で活動している．この1年で，非常勤ホームヘルパーが5人入れ替わった．その5人目を今月採用した．3か月間ほど応募がないところでの採用であった．新規採用の報告の際に，本部から，ホームヘルパー確保が大変だから辞められないように指導するようにとの通達があった．管理者の鈴木はすぐにその旨を神谷に伝えてきた．神谷も，この3か月間の欠員のためにホームヘルパーのやりくりが大変だったこと，自分も現場に出る回数が増えていたことから「しっかりと指導していきます」と答えた．

　早速，1年前から利用している広尾ハナさん（認知症あり．要介護度2．独居．同一敷地内に娘宅あり）のところに，新規採用ヘルパーの古谷（女性，43歳）を配置することとした．古谷ホームヘルパーは，この

3年ほど家庭の事情で仕事をしていなかったが，それまでは5年間ホームヘルパー業務経験を有していた．

広尾さんは，週2回生活支援でヘルパーを利用していた．欠員状態であったときは，神谷も必要に応じて担当したこともあった．この広尾さんを主に担当しているのは，事業所勤務歴5年の非常勤ホームヘルパー浅野（女性，45歳）であった．初回は業務伝達のために，神谷が古谷ホームヘルパーを伴い支援に入った．そのときは何事もなく，古谷ホームヘルパーは業務内容の説明を聞いていた．神谷は，以前にヘルパー経験があるから「まあ，問題ないか」と判断した．続く3回を浅野ヘルパーに業務伝達を依頼した．終了した時点で，浅野ホームヘルパーに様子を確認すると「少し戸惑ったりするところはありましたが，慣れてくると思います．大きな問題はありませんでした」という返答であった．

ひと月が過ぎたころ，浅野ホームヘルパーから気になる報告が上がってきた．どうやら古谷ホームヘルパーの業務内容が，業務伝達した当初の内容と異なってきているらしいと．神谷が，浅野ホームヘルパーに再度内容を確認すると，古谷ホームヘルパーは業務手順を変えて行っているようだ．事故等の大きな支障はないが，家族が困っているようだとのこと．神谷は早速，広尾さんの娘（週4日パート勤務．休日に親の介護．夫・高・中の子ども有り）に連絡を入れた．娘さんは当初「新しいヘルパーの人もよくしてくれています」と答えたが，神谷が業務の手順などで気になることはないかと尋ねると，遠慮気味に「実は・・・」とこれまでお願いした手順と違うこと，配置されたばかりの新人と聴いていたので，気にはなったがまだいうまでではないと遠慮していたと話す．

神谷は，対応のアドバイスを求めて，管理者の鈴木に相談をした．鈴木は「1か月だろ，初期の業務確認ということで，一度同行訪問をしてみたら」と語った．そこで，古谷ホームヘルパーに連絡を入れ，同行訪問する日程調整を行った．

2．欠勤対応，クレーム対応に追われる

　ところが，古谷ホームヘルパーとの同行訪問を行う予定の日に，別の
ホームヘルパーが体調を崩し当日の業務ができないということになり，
急きょ，神谷が代行で入ることになった．そのため，古谷ホームヘルパ
ーへの同行は延期となった．その日に体調を崩したのは，品川ホームヘ
ルパー（55歳，女性）であった．腰痛が原因だった．

　品川ホームヘルパーは事業所開設当初からいるホームヘルパーで，勤
続8年になる．昨年も一度腰痛で休んだことを，「確か同じ時期だった」
と神谷は思い出した．利用者の山田さんは，品川ホームヘルパーが担当
して5年ほどになる．2年ほど前から要介護5で，認知症が進行し，寝
たきりに近い状態の人であった．身体介護が中心であり入浴支援も行っ
ていた．神谷は，代行で山田さん宅に入り，その業務内容を再確認し，
品川ホームヘルパーの業務調整が必要だなと感じた．

　それから2週間後に，品川ホームヘルパーの代打のため延期になって
いた，古谷ホームヘルパーとの同行訪問を行うことができた．同行して
気づいたことは，当初伝達した業務手順が，半分は変わっていたことで
あった．同行後に業務指導として神谷がその点を指摘すると，古谷ホー
ムヘルパーは神谷の指摘の意味がわからないのか「私は以前もこうやっ
て業務をしていました．それで問題なかったのですが．効率よく進める
ことが大切ではないのですか？」と逆に神谷に疑問を投げてきた．神谷
は，複数のホームヘルパーが支援する場合は，同じ手順で支援を行って
いくことが決まりであること，それが利用者や家族には望ましいこと．
この業務手順は家族と相談して決めたことであることなどを説明し，業務
手順に則って支援を行うように指導した．古谷ホームヘルパーは不服そう
な表情もしていたが「わかりました」とその場での指導を受け入れた．

　一方，神谷は品川ホームヘルパーの業務内容について，見直しが必要
であろうと考え，管理者の鈴木に相談した．鈴木は神谷の意見に賛意を

示し，具体的に業務調整を行う方向で検討したほうがよいと語った．そこで，神谷は品川ホームヘルパーとの面談を設定した．面談の日，神谷が最初に腰の調子を尋ねると「だいぶよくなっています．もう若くないですから，気をつけて仕事をします」との返事であった，そこで，神谷が腰に負担のかかる業務を変更してはどうかと提案すると「大丈夫です」と答えて，山田さん担当も継続できるので，現状のままでお願いしますと切り返される．神谷は，品川ホームヘルパーの腰痛を心配しての対応であることを伝えるが「大丈夫ですから」と繰り返され，この件は保留にすることにした．

　しかし，その 3 週間ほど後に，再び品川ホームヘルパーが腰を痛め，当日の業務を休むことになった．幸いこのときは，常勤ホームヘルパーが対応することができ事なきを得た．前回の面談の際に，品川ホームヘルパーの勢いに押されて保留にしたことを，神谷は悔やんだ．品川ホームヘルパーの件があった日から日を空けずに，浅野ホームヘルパーから再び報告が入った．前回浅野ホームヘルパーが広尾さん宅に伺った際，業務終了後に娘さんにたまたま会うことができ，挨拶をしたところ，娘さんから「神谷さんにまでいうことではないし，このままでもきてもらうだけで助かるんですけど」と前置きをしつつ，浅野ホームヘルパーとの業務手順の違いやケアの内容が粗雑なところがあることを訴えてきたとのことであった．

　神谷は娘さんに連絡をし，状況を確認してから，古谷ホームヘルパーに再指導を行ったが，古谷本人は，自分のやり方に問題があるという自覚がないようであり，逆に神谷の再指導に不満顔を示した．思わず神谷は厳しい口調で指導を行ってしまった．その後，その様子をみていた管理者の鈴木から「あまりきつくいうのは控えたほうがいい」と諭されるのであった．

質問 1　神谷は，この時点で，どのような気持ちで，どのようなことを考えているのでしょう．

設問 2.　神谷の気持ちを踏まえつつ，あなたが神谷なら，具体的にどうなることを目指して，次にどのような対応を行いますか．

神谷の事例　ケースのねらい・ポイント

● 事例のテーマ

- ・ホームヘルパーの業務管理
- ・ホームヘルパーの健康管理
- ・人材育成と指導・教育の仕方
- ・家族からの情報収集と対応方法

● 事例の解説

　ホームヘルパーの業務管理は，訪問介護サービス提供責任者（以下，サ責）の主要業務の1つです．1人の利用者の自宅に複数のホームヘルパーを派遣している場合，均一のサービス内容の提供が求められます．また，各訪問介護事業所は必要最低限の人員でサービス提供を行っている場合が多いでしょう．

　そのなかで，体調不良等の予定外の休みによって欠員が生じると，その穴を埋める調整や対応が生じます．特に，腰痛は介護専門職の職業病といわれています．ホームヘルパーの心身の健康管理を行っていくことも，サ責に求められる業務であるといえます．

1）古谷ホームヘルパーへの業務指導

　神谷は，サ責になってまだ経験が浅いといえます．そして，人材不足のなかでやっと確保できたホームヘルパーの業務管理を行うことになりました．加えて，上層部からは，ホームヘルパーに辞められないように指導していくようにとの通達がきていました．これは神谷にとってプレッシャーになっていたと考えられます．

　また，指導の対象となるホームヘルパーが自分より年上であり，業務経験もあるということも，指導を行っていく際の神谷の気がかりになっ

ているかもしれません.

その状況で,新規に配属した古谷ホームヘルパーの業務内容が,同じ利用者宅に配属されているホームヘルパーの業務内容と異なるとの報告が上がってきます.古谷ホームヘルパーへの指導を行おうと考えていたところに,品川ホームヘルパーの腰痛による欠勤が生じ,その対応に追われ,古谷ホームヘルパーへの対応が一度棚上げになります.複数のホームヘルパーの業務管理や業務調整を行わなければならない大変さがあるといえます.

2）欠勤対応,業務対応に追われる

神谷は時間が取れたところで,古谷ホームヘルパーに業務内容の確認と指導を行います.しかし古谷ホームヘルパーは,その指導に不服そうな表情をします.

再度,利用者家族から古谷ホームヘルパーの業務のクレームが生じ,業務指導を行いますが,それは一方的な業務指導になり,感情的な対応になり,上司から諭される結果になります.

同様に,自分よりも所属歴も経験をある品川ホームヘルパーへの業務指導の際も,品川から「大丈夫です」といわれて,そこで指導を終了し引いてしまうということを神谷はしてしまいます.それが再びの品川の欠勤に繋がっています.

神谷よりも経験があり,しかも年上のホームヘルパーに対するコミュニケーションの取り方,そして業務指導の在り方を考える必要があるといえます.

併せて,この指導の際の大切な点は,利用者のニーズや家族の困り事が,サ責とホームヘルパーの間で共有されていたかどうかです.サービス提供者として,利用者への配慮も考えていく必要があるでしょう.

ホームヘルパーの場合,特に非常勤であれば,業務を休むとその分収

入が減少するというデメリットがあります．ホームヘルパーの立場も考慮する必要があります．しかし，心身の健康管理を怠ると，この事例の品川ホームヘルパーのような状況になり得ます．

　ホームヘルパーの健康管理と業務管理のバランスを考慮することも必要になるでしょう．

● 全体を通して

　神谷の事例は，自分より経験があり年上のホームヘルパーへの業務管理，業務指導が課題であったといえます．管理者である上司の鈴木にアドバイスを受けながら対応している点は，望ましいことですが，それぞれのホームヘルパーとのコミュニケーションをどうするか，彼らの置かれた立場をどのようにアセスメントし，利用者と家族のニーズも含めてマネジメントしていくかという課題が含まれる事例であるといえます．

　併せて，ホームヘルパーへの業務管理には，健康管理も含まれます．当人が体調不良なってきてから行うのではなく，日々のホームヘルパーの業務管理に合わせて健康管理も行っていくことが，リスクマネジメントにもなります．ホームヘルパーに対しては，自分で自分の健康管理を行う必要性やその方法を教える健康指導が人材育成の１つとして実施される必要もあるといえるでしょう．

神谷の事例　板書例

設問1(90頁参照)についての板書例

神谷の気持ちとともに，その他の登場人物の気持ちを記入する．

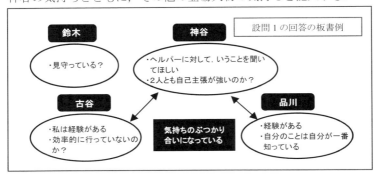

設問2(90頁参照)についての板書例

設問1の内容を受けて，具体的な対応について記入する．

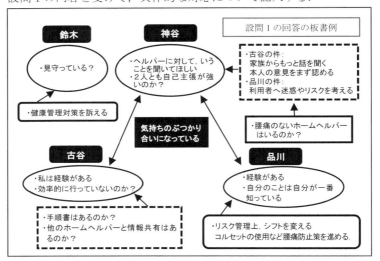

　鈴木は専業主婦だったが，子どもが大学に行ってひと段落したところで，なにか人の役に立てる仕事に就きたいと思いホームヘルパー2級の資格を取り，現在のホームヘルパーステーションに就職した．ヘルパーとして活動しながらさらに，ホームヘルパー1級の資格を取り，3年前にサービス提供責任者（以下，サ責）となった．

1. 照代さんとの出会い

　鈴木が，初めて管理者とともに訪ねた栗田夫婦宅は，インターホンを押しても，しばらく応答がなく，何度か押すとようやく男性が出て「今日はこれから透析だから寝ていた」という．これが夫であった．室内に入ると物が乱雑に置かれており，鼻を突くような異臭が漂っていて，鈴木は圧倒される．照代の姿が見当たらないため，夫に聞くと「どこかに出かけたようだが自分はわからない」と物の間に埋もれているような自分の介護用ベッドに戻り，寝てしまって話を続けることができなかった．そこにひょっこり照代さんが帰宅して，「だれ？何の用？」というため，管理者よりホームヘルパーが変更になることを説明した．鈴木は側でそれを聞きながら，「もう何度も伝えてあるはずなのに…」と今後のやり取りに不安をもった．照代さんはあまり乗り気ではなかったが，鈴木は

照代さんに確認しながら台所を片づけていると，それだけで援助時間が終わってしまった．後に，利用しはじめてこの1か月あまり，ずっと同じような状況が続いていることを，管理者はため息混じりに鈴木に話した．それでも，今後も夫と合わせて週2回，ホームヘルパーが栗田さん宅にうかがうことになった．

　3日後に2回目の訪問を行った．この日も，まるでデジャブのような光景に鈴木は言葉を失った．インターホンを押すが応答なく，しばらくして夫が出てきて，「透析の次の日は起きられないから勝手に入ってくれ」という状況も，照代さんが所在不明であることも，3日前と同じだった．家のなかに入ると，3日前の訪問がまるでなかったかのように，部屋は散乱し，ホームヘルパーが買ってきた野菜・肉・魚類がそのまま置かれ，台所には食べ残しが放置されて，異臭を放っていた．この片づけだけで，援助が終わってしまうことまで，3日前と同じだった．

　鈴木は，帰り道，これまでのケース記録を思い出して暗い気持ちになった．お嫁さんや地域包括支援センターの職員が説得してようやくサービスを使い始めたこと，ホームヘルパーが訪問しても家にいないことも多いこと，またヘルパーが掃除してもイタチごっこですぐに元の状態に戻ってしまうことなど，知ってはいても，まさかこれほどとは考えていなかったからだ．

2. 訪問介護サービス提供責任者として

　「いったいだれを担当ヘルパーにしたらよいのだろう」思案の結果，鈴木は，ホームヘルパーとしてはベテランの佐々木ホームヘルパーに依頼することにした．仮に訪問の際，照代さんが家を留守にしていても，佐々木ホームヘルパーなら再訪問に対応してもらえそうなことも大きかった．

　佐々木ホームヘルパーが訪問するようになっても状況は変わらず，キ

ャンセルになることも度々あった．あるとき，鈴木が状況確認のために訪問した際に，たまたま訪問していた嫁と話す機会があった．嫁はあっけらかんとした人で，「ボケもひどくなって，お婆ちゃん（照代）とケンカになっちゃうことあるんですよね．そのときは少しくる日を空けたりします．まあ，嫁ですから，別に恨まれてもいいですけどね」と笑い，鈴木は複雑な思いだった．

　半年ほどしてサービス担当者会議が栗田さんの自宅で行われることになり，鈴木も出席した．当日は嫁がきてくれたが，照代さんは不在，夫も「あいつ（照代）がもっとしっかりすればいいんだけどねえ」という程度で，やがて夫は，「疲れた」とベッドに戻ってしまい，照代さんも夫も不在のまま，残ったメンバーで話し合うことになってしまった．

　話し合いのなかで，次の介護認定更新の際に何とか照代に理由をつけて受診させ，認知症の診断を受けることや，ホームヘルパーの援助を増やすこと，照代さんのデイ利用を勧めてみること，地域権利擁護事業を活用することが関係者から提案された．話も一段落したちょうどそのとき，照代さんが荷物を山ほど抱え，上機嫌で帰宅した．袋からはお菓子やドーナツが垣間見え，鈴木は「糖尿があるのに…」とため息をつくしかなかった．サービス担当者会議を通して，嫁や包括職員が，実際に訪問する自分たちの苦労をわかってくれていることがわかったことだけは，鈴木にとって救いだった．

3．束の間の安堵とあらたな閉塞感

　このころ，実際に訪問して援助にあたっている佐々木ホームヘルパーからは，度重なるキャンセルや家の惨状に対して，徒労感や負担感が訴えられていた．鈴木は，佐々木ホームヘルパーの気持ちが痛いほどわかり，かといって代わりのホームヘルパーも出すことができず，どうしても佐々木ホームヘルパーの負担が大きいときには，急きょ自分が訪問す

ることも多くなって，自分も疲れていた．

　少しして栗田夫妻は2人とも要介護1となり，「N居宅介護支援事業所」の石川ケアマネジャーが担当となった．ホームヘルパー訪問を増やすことは照代さんが嫌がってできなかったが，嫁の説得でデイサービスを利用することを2人とも納得し，また服薬管理もサービスとして行えることが決まって，鈴木はだいぶ気分が軽くなった．事実上，鈴木と佐々木ホームヘルパーだけしか，栗田夫妻に関わらなかったこれまでと比べ，複数の人が栗田夫妻に直接関わってくれるようになっただけでも，鈴木は気分的に楽になった気がした．

　しかし数か月後，鈴木が照代さんの通うデイサービスの職員と会う機会があったので，話を聞くと，すでに今月はまったく利用していない状態だった．当初何回かは通っていたが，人と約束があるからと休んだり，途中で帰ったり，送迎に行ってもいない，ということの連続だったという．また佐々木ホームヘルパーからは，訪問時にコンロがこげている，ゴミの分別が難しい，通販で3個目の掃除機を買った，薬が捨ててあったなど，とにかく心配な報告が鈴木の元に届くようになった．鈴木はそのたびに石川ケアマネジャーに報告の連絡を入れたが「本人がなかなか提案を受け入れてもらえず…」と苦慮するうち，とうとう嫁に対して物盗られ妄想が現れ，嫁が照代さんの家に一切入れなくなってしまう状況に陥った．

　結局，照代さんと夫に対して，鈴木が関わりはじめた当初と同様にヘルパーステーションだけの対応となってしまった．鈴木は徒労感を抱くと同時に，物盗られ妄想が，いつホームヘルパーに向けられるかという懸念を抱いた．佐々木ホームヘルパーはいままでの経過があり，ようやく本人に受け入れてもらえているが，もし他のホームヘルパーに変更することになったとしたら受け入れてもらえないかもしれない．そうなったら本当にあの夫婦へ援助する手段がなくなってしまうのではないか．

佐々木ホームヘルパーから毎回のように，あれこれ心配との報告を受けるたびに鈴木の不安は広がっていった．

設問 1. 鈴木は，この時点で，どのような気持ちで，どのようなことを考えているのでしょう．
設問 2. 鈴木の気持ちを踏まえつつ，あなたが鈴木なら，具体的にどうなることを目指して，次にどのような対応を行いますか．

鈴木の事例　ケースのねらい・ポイント

● 事例のテーマ
- ・利用者の状態とニーズの把握
- ・認知症ケアを踏まえたアセスメント
- ・利用者の立場に立った訪問介護計画書の立案
- ・他の専門職，事業所，機関との連携

● 事例の解説
　高齢者夫婦世帯であり，2人ともが介護保険を利用している事例です．夫は透析が必要な状態であり，妻は認知症が疑われますが，まだその診断がついていない状況です．しかし，家庭内の様子は十分に支援が必要なことを示唆する状況が窺われます．訪問介護が把握した情報をどのように利用者支援に活かしていけばよいのか．テーマを基に，事例を追ってみましょう．

1）照代さんとの出会い
　鈴木が訪問すると，室内は物が乱雑に置かれて，異臭もあり，不衛生な環境であることが窺われました．栗田夫妻は，夫は透析を受けており，妻の照代さんは，認知症が疑われる状況です．照代さんは，管理者と鈴木の訪問の意図を忘れたのか理解しておらず，サービス利用の必要性もはっきりしません．再度の訪問の際は，照代さんは不在であり，室内は前回訪問時の状況に戻っていました．
　照代さんの現況には認知症が疑われますが，その程度などはまだ把握されていない状況です．夫もホームヘルパーが入ることへの抵抗はないようですが，利用のニーズははっきりしません．ここでは，利用者である照代さん，夫の状況の把握，ニーズの把握が不明瞭なままのようです．

2）訪問介護サービス提供責任者として

　鈴木は，栗田夫妻のところにどのホームヘルパーを派遣すればよいかを悩みます．結局，ベテランの佐々木ホームヘルパーにお願いします．サービス利用については，照代さんが不在である場合が多く，サービス提供ができない日がたびたび生じます．

　サービス担当者会議の折にも，照代さんは参加せず，お嫁さんが参加してくれたことで，会議は行われ，次の対応が議論されました．その最中に，買い物帰りの照代さんが戻ってきます．買い物袋のなかには，お菓子がたくさん入っており，糖尿病がある夫がいるのにそのようなものを買ってくる照代さんの状況が危ぶまれます．

　照代さんに病院受診をしてもらう方向での話し合いがなされましたが，認知症を踏まえたアセスメントをどのように考えればよいのかという課題も生じてきます．

3）束の間の安堵と新たな閉塞感

　栗田夫妻ともに要介護度が要介護1になり，地域包括のケアマネジャーから，介護支援事業所のケアマネジャーに担当が変わります．それを機に，デイサービス，服薬管理などのサービス利用が始まりました．しかし，ふたを開けてみると，サービス利用が明確にされておらず，サービス利用にも同意せず，さらにはお嫁さんに被害妄想をもってしまい，生活状況が悪い方向に進んでいきます．鈴木はケアマネジャーに報告を取り，連携を図りますが，あまり先に進みません．この先の支援をどのように進めていけばよいのかと悩みます．また訪問介護のみの支援になるのかと不安を感じます．

　ここで，なぜ訪問介護を提供するのかという目的を考え直すこと，他の地域資源を掘り起こし連携を取ることを考えてもよいかもしれません．

● 全体を通して

　訪問介護は介護保険サービス全体を見るとサービスの1つです．その範囲でサービス提供するという考え方もあります．しかし，本事例の栗田夫妻のように老齢夫婦世帯の支援に際しては，利用者の自宅に赴くホームヘルパーがもっとも情報を得ることができるといえます．ホームヘルパーの業務管理等を行うサ責が，その情報を基に，利用者の生活支援を考え，よりよい訪問介護計画を立てるために，ケアマネジャーと連携し，地域資源との連携もしていく視点をもつと，また違った関わりができていくかもしれません．

模擬事例　103

鈴木の事例　板書例

設問1（99頁参照）についての板書例

鈴木の気持ちとともに，その他の登場人物の気持ちを記入する．

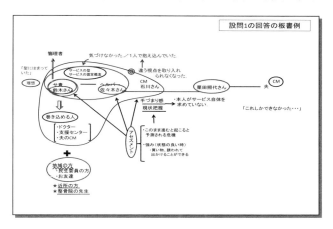

設問2（99頁参照）についての板書例

設問1の内容を受けて，具体的な対応について記入する．

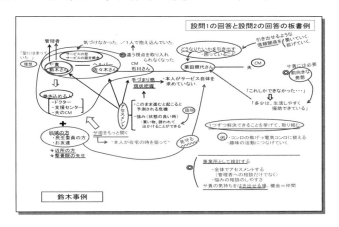

　城田は，専業主婦から，44歳の時，下の子どもの高校進学を機に，ヘルパーの資格を取り，居宅サービスを中心に活動するNPO法人「桜の里」のホームヘルパーとして勤務．2年ほどでデイサービス部門の介護職に移り，勤務5年で，介護支援専門員の資格取得．今年から訪問介護部門のサービス提供責任者（以下，サ責）に異動となる．
　佐藤さんは，「桜の里」のデイサービスを利用していた．

1．訪問介護サービスと佐藤さん夫婦の様子
　城田は，サ責になって1か月ほど過ぎた5月，佐藤さんの担当ケアマネジャーの仙田とともに，訪問介護導入のために，佐藤さん宅を訪問した．
　夫に挨拶をし，佐藤さんにも挨拶をすると，佐藤さんはにこやかな表情を返してくれたが，意味の取れない返答に，城田は「だいぶ認知症が進んでいるなぁ」と感じた．
　佐藤さんの介護保険サービス利用は，10年ほど前からであり，現在デイサービスを週2回，夫の介護疲れを考慮して，2泊3日のショートステイを月1回利用していた．しかし，デイサービスを休むことが不定期でみられたことから，デイサービス利用時の利用支援のために，ホーム

ヘルパーを導入することになった．

訪問時，夫は食事介助の大変さを訴える一方で「最後まで妻と一緒にここで暮らしていきたい」と在宅生活継続を希望してきた．しかし城田は，本人の状態や夫の年齢を考慮すると，在宅継続は厳しいのではないかと感じた．仙田ケアマネジャーは「在宅で1日でも長く過ごせるように頑張りましょう」と返答しつつ，デイサービス送迎時の支援のために，週2回ホームヘルパーの同意を夫から得た．

7月に入り，暑い日が続くようになってきて，本人も朝状態が不安定であり，夫もデイサービスに行かせることを渋るようになった．前日に「デイを休むので，ヘルパーの利用も不要」という連絡を，仙田ケアマネジャー経由で，受けることも増えた．

8月に訪問介護の利用状況の確認のため自宅を訪問した際，夫は夏バテ気味の様子で，表情も普段より生気がなくみえた．城田は，その様子を気遣い，息子たちからの支援や，夫自身も介護保険サービス利用してはどうかと助言した．しかし夫は，「嫁が介護に協力的でないので，遠慮している」と話し，まだ自分は大丈夫と，城田の助言を退けた．そして「ヘルパー利用も，この時期は無理をさせたくないので控えたい」と夫から申し出があったため，城田は，仙田ケアマネジャーと相談すると返答した．仙田ケアマネジャーと相談した結果，ホームヘルパーの利用中止は，在宅の様子を把握するのに把握に支障をきたすので，デイサービスを休む時は，朝の着替え等の別の支援を行うこととした．仙田ケアマネジャーが夫にその内容を提案し了承された．

2．佐藤さんの夫からのSOS

城田が，佐藤さんを担当して，半年ほど過ぎた12月中旬の夕方に「佐藤さんの夫から連絡があり，トイレの対応ができずに困っている，対応を手伝ってほしい」と，仙田ケアマネジャーから連絡が入った．城田は，

手の空いていた「桜の里」デイスタッフの玉川と連れだって自宅を訪問すると，本人は，便失禁の状態であり，トイレの前で汚れたままの衣類で座り込んでいた．応対に出た夫は，困り果てた表情でオロオロするばかりであった．そこで，仙田ケアマネジャーとともに3人で，衣服の交換，汚れた屋内の清掃を行った．

3．城田の困惑

翌年の1月，城田は，担当ヘルパーからの報告を振り返った．そこには，ここ2,3か月，佐藤さんのデイサービス利用が休みがちであること，佐藤さん本人の自立度の低下もさることながら，夫の疲弊感が目立つこと，もう在宅介護は限界ではないかというホームヘルパーの意見を確認することができた．ほどなくして，仙田ケアマネジャーから，夫が施設利用は了解してくれないので，介護の現状から，夫に24時間ホームヘルパーの利用を勧め，同意を得た．ついては事前訪問をしてほしいとの依頼があった．城田は，24時間担当のホームヘルパーによる，様子把握のための事前訪問の段取りを行った．しかし，滞在中にホームヘルパーが本人に声をかけると，興奮して落ち着きがなくなるという状況になり，夫はその様子をみて，24時間ホームヘルパーの利用を断ってきた．

24時間ホームヘルパー導入のとん挫以来，ホームヘルパー利用も消極的となり，夫は，デイサービス利用を休む日に，訪問介護が入ることに不満をもつようになった．担当ホームヘルパーからも，夫から「今日はいいよ」といった申し出があり，対応に困るとの報告が城田に上がってきた．

その状況のなか，仙田ケアマネジャーから，特別養護老人ホーム入所申請とともに，一時的に老人保健施設の利用に夫が同意したと連絡が入った．そして次の週に，老健スタッフが，佐藤さんの状態把握のために，本人がデイサービスを利用した際に「桜の里」デイサービスを訪問した．しかし，デイサービススタッフに対する佐藤さんの拒否的言動から，老

健での受け入れは難しいと判断されてしまった.

　後日,その結果を仙田ケアマネジャーから聞かされた城田は,老健の利用が可能であろうと考えていたため,その連絡に落胆した.

　佐藤さんの現状は,春先という季節のせいもあるのか,デイサービスの利用も途絶え気味である.ホームヘルパーは定期的に入っているが,デイサービス利用支援が主たる内容のため,支援内容も中途半端なものになっている.城田自身が佐藤さん宅を訪問し,夫の様子をうかがう限り,夫なりに頑張っているとはいえ,無理をしているといわざるを得ない様子である.担当ヘルパーからも,夫婦の先々が不安だという声が繰り返し聞かれる.仙田ケアマネジャーとは連絡を取り合っているが,支援の方向性についてのその後の展開がない.サ責として関与している城田は,このままのサービス継続でよいのか.先の方向性がみえないことに,どうしたものかとすっきりしない感じをもつのであった.

設問 1　城田は,この時点で,どのような気持ちで,どのようなことを考えているのでしょう.

設問 2　城田の気持ちを踏まえつつ,あなたが城田なら,具体的にどうなることを目指して,次にどのような対応を行いますか.

佐藤幸代さんの事例

女性　78 歳　要介護度 4　認知症,中等度

生活歴:

・東京都出身.ふたり兄妹.比較的裕福な家庭に育つ.
・短大卒業後に,「山の手」会社に就職.

- 24歳のときに，現在の夫と結婚．当時夫28歳．結婚を機に退職．
- 25歳時に長男を出産，28歳時に二男を出産．
- 30歳を過ぎたころに，立て続けに両親を失う．
- 35歳のころに，新築の公営団地に抽選し移り住む．
- 夫の定年退職後は，年金生活．
- 63歳，スーパー銭湯に行った際，下駄箱の札が盗まれたと騒ぎになる（本人のバックより発見）．この前後より，家事のミスなどあった．
- 68歳，夫も本人の様子を病気と危惧し，病院受診．診察の結果，アルツハイマー型認知症と診断され，アリセプトが処方される．

家族状況：
- 築40年ほどになる公営団地の2階（間取り3K）で，夫（82歳）と2人暮らし．
- 夫は物静かな性格，家事は現在夫が主に行っている．
- 近隣の人とは挨拶を交わす，自治会の回覧板を回す程度である．
- 長男53歳，二男50歳．双方とも結婚し独立．長男は他県に在住，二男は隣の市に在住．
- 協力らしい協力はしていない様子．

既往疾患：
- 身体疾患の既往はない．認知症診断後，抗認知症薬（アリセプト）が処方され，現在も服薬中．

ADL・IADL：
- 歩行はゆっくりと休み休みであれば歩ける．
- 日中はベッドに横になっていることが多い．
- 食事は夫が介助．機嫌が悪い時は一切食べないこともある．
- 入浴と着替えは，デイサービスで入浴．

・排泄は声かけ誘導. 衣服の上げ下ろしがうまくできない. 時々失敗あり. 汚れた衣服の交換が大変.

・自発的会話が減る. 意味のある言葉を語ることが少ない.

性格:

・元来は, おっとりとした性格. お琴やお花の稽古の帰りに, 趣味仲間と話をすることが楽しみであった.

110

城田の事例　ケースのねらい・ポイント

● **事例のテーマ**
　・サ責として，利用者本人や家族についての適切なアセスメント
　・訪問介護事業所として，多職種との連携や発信力
　・求められるコミュニケーション力

● **事例の解説**
　利用者本人や家族が「最後まで在宅で生活したい」と希望されることは多く，在宅介護の永遠のテーマともいえますが，現実的には，ご本人の認知症進行や身体機能低下，介護者の介護力の不足（や低下）等々により，在宅生活の継続が困難になる場面が多々あります．そのなかで，「利用者中心の支援」という視点を失わず，どのように訪問介護事業所として在宅支援を行っていくのかを事例を通して，考えてみましょう．

1）訪問介護サービスと佐藤さん夫婦の様子

　佐藤さん夫婦はいわゆる「老老介護」状態で，利用者本人の認知症はかなり進行している様子です．「在宅で最後まで」の希望で，在宅サービスを利用しながら生活していますが，通所・入所系のサービスだけでは本人の介護が困難になっており，訪問介護を導入して夫の介護支援を行うことになります．しかしながら，その時点ですでに夫の介護力（および本人の認知症進行）等々により，在宅生活が困難な状態になっていること，さらに実際に訪問介護を導入しても，その目的が果たせないこと（デイサービスの休みが多くなり，訪問介護も休止），また，夫の介護負担が大きいものの，夫は「自身が介護を行い家族の協力も求めない」という姿勢を貫くことで介入の困難さが見え隠れしています．取りあえず訪問介護自体はケアマネジャーからの依頼もあり継続となりましたが，城田は，どのように考えていくべきなのでしょう？

2）佐藤さんの夫からのSOS

ついに夫からの SOS が入り，かねてよりの危惧が現実のものとなります．この事例のターニングポイントの1つを迎えることになりますが，この後の城田は，どのように動いていくことが望ましいのでしょうか．

3）城田の困惑

在宅生活の継続が限界ではないかという声が挙がるなか，ケアマネジャーからケアプランの見直しがあり，再度の訪問介護の導入の依頼があるも結局は頓挫してしまい，在宅サービスそのものも実施困難になっていきます．そんななか，一時的とはいえ施設利用の話が挙がり，夫も同意し，関係者が安堵したのも束の間，その話も頓挫してしまいます．先のみえない状況と手詰まり感のなか，城田はどうしてよいか困惑し，悩んでいることでしょう．単純にケアマネジャーの対応がよくないと断じてみてもはじまりません．実際に目の前にいるケースについて，訪問介護事業所として，どのように関わっていくか，サ責の対応も含めて考えてみましょう．

● 全体を通して

この模擬事例のように，本人たちが在宅生活を希望しながら，実際には困難であるという事例は多々あり，周囲の関係者が施設入所への早期移行に結論づけてしまうことは多いと思われます．しかしながら「利用者中心の支援」という視点で考えた場合，安易にそれだけで終わってしまってよいものでしょうか．

また，在宅介護を支える中心の1つとしてとしてケアマネジャーが位置づけられてはいますが，ケアマネジャーだけに今後の対応を任せればよいのでしょうか．チームアプローチの大きな要として訪問介護事業所としての役割も大きいはずです．そのようななかで，自分たちになにができるか，なにが必要か，大変難しいテーマではありますが，皆さんで討議してみましょう．

城田の事例　板書例

設問1（107頁参照）についての板書例

　城田の気持ちとともに，その他の登場人物の気持ちを記入する．

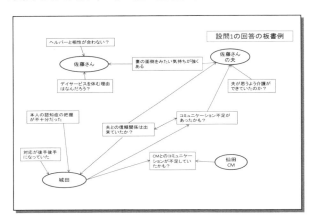

設問2（107頁参照）についての板書例

　設問1の内容を受けて，具体的な対応について記入する．

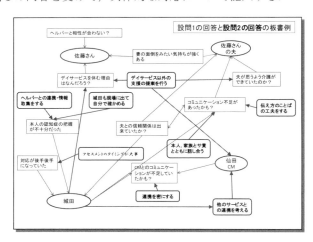

あとがき

　本書の編集の「老年心理学研究会」は，長嶋紀一先生（日本大学名誉教授）を中心に日本大学文理学部心理学科の卒業生，老年心理学，高齢者臨床領域で活躍している専門職が集まり，月1回開催されてきた老年心理学に関する勉強会が土台となっています．この老年心理学研究会の活動も30余年を数え，これまでに勉強会に数多くの方々が参加しました．

　本書は，この老年心理学研究会において，平成24年ごろから勉強会のテーマとして取り上げてきた成果です．長嶋紀一先生の「まえがき」でも触れられていますオレンジプランが国から提唱され，地域包括ケアが謳われ始めたころだったと思います．研究会でサービス提供責任者をテーマに取り上げたのは，訪問介護サービスは，地域包括ケアの中核的な役割の1つであるにもかかわらず，非常勤業務のホームヘルパーが多い一方で，利用者の自宅に訪問し，ひとりでケアを展開するという高度なスキルを要求されること，そのサービスの質を担保する役割に当たるのがサービス提供責任者であることを長嶋先生が指摘されたことがきっかけでした．研究会で，訪問介護とサービス提供責任者の現状と課題を調べていくと，いろいろな課題がみえてきました．そのなかから，研究会がテーマとして焦点に当てたものが，サービス提供責任者の研修システムでした．そして，経営分野で活用されていたケースメソッドによる

学習法との出会いが，本書の作成のきっかけとなったといえます．

　本書は「サービス提供責任者のための」と銘打っていますが，サービス提供責任者に限らず，地域ケアに関わる人や，管理業務や人材育成業務に関わる人にも活用してもらえるものです．また，本書では模擬事例作成の方法までは触れていませんが，提示している模擬事例は，ある程度のコツがわかると，現場で活躍される人であればだれでも作成できるものです．本書をきっかけに，ケースメソッドによる研修が広がり，地域ケアの向上に少しでも寄与できることを願っています．

　最後に，本書の事模擬例作成にあたり，2013 年（平成 25 年）度の明治安田こころの健康財団研究助成（研究テーマ「訪問介護サービスのサービス提供責任者への研修方法の開発：ケースメソッド法によるアセスメントスキルの向上」）ならびに 2014 年（平成 26 年）度の国際医療福祉大学学内研究費助成（研究テーマ「訪問介護サービス提供責任者に対するケースメソッド法を用いた研修方法の開発」）を受けました．そして，その事業に当たり，東京都府中市内ならびに東京都港区内の訪問介護事業所の人々，社会福祉法人正吉福祉会の職員の人々にご協力をいただきました．ここに記しご協力に感謝するとともに御礼を申し上げます．

　平成 29 年 4 月 20 日

小野寺　敦志

監 修

長嶋　紀一（ながしま　きいち）
日本大学名誉教授／元・日本大学文理学部心理学科教授

編 集

老年心理学研究会（本書作成時参加メンバー，アイウエオ順，敬称略，
　個人参加のため所属先略）
　畦地良平，石鍋　忠，檮木てる子，小野寺敦志，北村世都，
　小山康子，妹尾陽子，寺町優子，沼田悠梨子，朴 偉廷

著 者

小野寺敦志　　国際医療福祉大学大学院医療福祉学研究科臨床
　　　　　　　心理学専攻
石鍋　　忠　　社会福祉法人至誠学舎東京 サンメール尚和
北村　世都　　日本大学文理学部心理学科
畦地　良平　　医療法人社団光生会　平川病院

サービス提供責任者のための
事例学習法

2017 年 5 月 15 日　第 1 版

定　価　　（本体 2,000 円＋税）
監　修　　長嶋　紀一
編　集　　老年心理学研究会
発行者　　吉岡　正行
発行所　　株式会社 ワールドプランニング
　　　　　〒162-0825 東京都新宿区神楽坂 4-1-1
　　　　　Tel　：03-5206-7431
　　　　　Fax：03-5206-7757
　　　　　E-mail：world＠med. email. ne. jp
　　　　　http：//www.worldpl.com
　　　　　振替口座　00150-7-535934
イラスト　寄國　　聡
印　刷　　三報社印刷株式会社

© 2017, Atsushi Onodera
ISBN978-4-86351-128-6